나를 살리는
인생 영어 명언
100

나를 살리는 인생 영어 명언 100

지은이 필미필미TV
펴낸이 임상진
펴낸곳 (주)넥서스

초판 1쇄 발행 2022년 6월 20일
초판 3쇄 발행 2023년 2월 6일

출판신고 1992년 4월 3일 제311-2002-2호
10880 경기도 파주시 지목로 5
Tel (02)330-5500 Fax (02)330-5555

ISBN 979-11-6683-228-4 13740

www.nexusbook.com

내 삶의 무기가 되는 결정적 한마디

THE GREATEST
ENGLISH QUOTES

나를 살리는
인생 영어 명언 100

업계 최고의 스페셜리스트가 전하는
우리 인생을 변화시키는
영어 명언 100가지

필미필미TV 지음

넥서스

혹시, 작정하고 시작했던 영어 공부를 오래 지속하지 못하고 실패한 경험이 있으신가요?

제가 책을 출간하기로 결심하면서 이 책을 통해 전달하고 싶었던 메시지는 바로 '영어 공부를 포기하지 않고 끝까지 해낼 수 있었던 동력'에 관한 것입니다.

저는 외국에서 영어를 배운 경험이 없고, 심지어 30세가 넘어 본격적으로 영어 공부를 시작했습니다. 영어를 잘하고 싶다는 일념으로 굳은 결심과 함께 시작한 저의 늦은 영어 공부는 대부분의 사람들이 그렇듯 며칠만에 중단되기 일쑤였습니다. 영어 공부를 하기로 결심하면서 가득했던 열정은 반복되는 지루한 공부에 입구가 뚫린 풍선처럼 순식간에 빠져나가 버렸죠.

결국, 여러 번의 실패 끝에 목표했던 수준까지 영어 공부를 마칠 수 있었던 것은 '다양한 영어 콘텐츠'가 주는 '신선함'이었습니다.

이 책에 담긴, 그리고 필미필미TV 유튜브 채널에 담긴 영감을 주는 다양한 영어 콘텐츠들은 빠져나가는 제 열정을 끊임없이 채워 주었고, 지겹게 느끼지 않도록 도와주었습니다. 그리고 더 나아가 남은 일생 동안, 영어를 몰랐다면 알지도 못했을 수천, 수만 가지의 콘텐츠들을 즐길 수 있게 될 것이라는 기대는 저의 타오르는 열정에 기름을 부었습니다.

매일 반복되는 일상 속에서 단순한 각오나 결심만으로 영어 공부를 지속해 내기란 거의 불가능에 가까운 일입니다. 하지만 영어 콘텐츠 자체에 흥미를 느낀다면 그건 완전히 다른 이야기가 됩니다.

만약, 반복되는 영어 공부에 지겨움을 느끼신 적이 있으시다면 이 책과 유튜브 채널을 통해 영어 콘텐츠 자체에 흥미를 가져 보세요.

해외 여행 가서 제대로 말 한마디하려고 영어 공부를 하는 것이 아니라 평생 동안 영어 콘텐츠를 즐기겠다는 마음을 영어 공부의 동력으로 삼아 보세요.

이 책에는 필미필미TV 유튜브 채널 콘텐츠들 중, 단 한 줄만으로도 우리에게 영감을 주는 업계 스페셜리스트들의 100가지 인생 명언이 집중적으로 요약 정리되어 있습니다.

하루 10분, 이 책과 함께하시면서 영어에 대한 흥미뿐만 아니라 무한한 영감도 얻기를 바랍니다.

필미필미TV

**THE GREATEST
ENGLISH QUOTES**

Features 구성과 특징

①
필미필미TV에서 엄선한
나를 살리는 인생 영어 명언 100

③
Key expression
생생한 연설문으로 핵심 문장 익히기

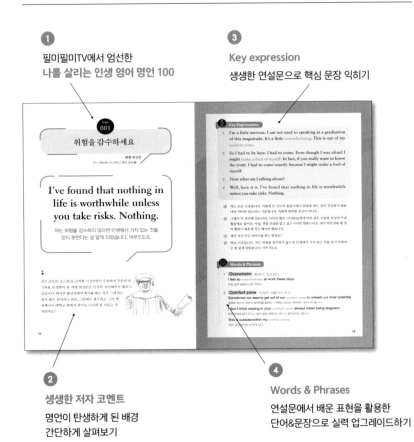

②
생생한 저자 코멘트
명언이 탄생하게 된 배경
간단하게 살펴보기

④
Words & Phrases
연설문에서 배운 표현을 활용한
단어&문장으로 실력 업그레이드하기

책 속의 QR코드를 인식하면
원어민 MP3와 유튜브 영상을
바로 확인할 수 있습니다.

www.nexusbook.com
원어민 MP3 무료 다운로드 가능

Contents 목차

Contents 목차

Contents 목차

위험을 감수하세요

덴젤 워싱턴

2011 펜실베니아 대학교 졸업 연설 ❶

I've found that nothing in life is worthwhile unless you take risks. Nothing.

저는 위험을 감수하지 않으면 인생에서 가치 있는 것을 얻지 못한다는 걸 알게 되었습니다. 아무것도요.

골든 글로브, 오스카 등 굵직한 시상식에서 수상하며 꾸준히 연기력을 인정받아 온 덴젤 워싱턴은 미국의 국민배우로 불리고 있습니다. 하지만 졸업식에서 축사를 하는 것은 그에게도 쉽지 않은 일이라고 하죠. 그럼에도 불구하고 그가 펜실베니아 대학교 졸업식 축사로 나서게 된 이유는 무엇일까요?

1 I'm a little nervous. I am not used to speaking at a graduation of this magnitude. It's a little overwhelming. This is out of my comfort zone.

2 So I had to be here. I had to come. Even though I was afraid I might make a fool of myself. In fact, if you really want to know the truth. I had to come exactly because I might make a fool of myself.

3 Now what am I talking about?

4 Well, here it is. I've found that nothing in life is worthwhile unless you take risks. Nothing.

❶ 저는 조금 긴장됩니다. 이렇게 큰 규모의 졸업식에서 연설을 하는 것이 익숙하지 않습니다. 약간은 압도되는 기분입니다. 저에게 편안한 공간이 아니죠.

❷ 그래서 이 자리에 섰습니다. 서야만 했죠. 여러분들에게 바보 같은 모습을 보일까 두려웠음에도 말이죠. 사실, 정말 진실을 알고 싶으시다면 말씀드리죠. 제가 바보짓을 할 것이 뻔하기 때문에 저는 해야만 했습니다.

❸ 제가 지금 무슨 이야기를 하는 걸까요?

❹ 바로 이것입니다. 저는 위험을 감수하지 않으면 인생에서 가치 있는 것을 얻지 못한다는 걸 알게 되었습니다. 아무것도요.

 Words & Phrases

1 **Overwhelm** 휩싸다, 압도하다
I feel so overwhelmed at work these days.
요즘 업무 때문에 너무 벅차다.

2 **Comfort zone** 익숙한 상황이나 조건
Sometimes we need to get out of our comfort zone to unleash our inner potential.
때때로 우리는 내면의 잠재력을 발휘하기 위해선 편안한 영역에서 벗어나야 합니다.

I don't think staying in your comfort zone always means being stagnant.
안전지대에 남아 있다고 해서 항상 정체되어 있다고 생각하지는 않는다.

This is outside/within my comfort zone.
이건 내 안전지대 밖/안에 있다.

넘어지더라도, 앞으로 넘어지세요

덴젤 워싱턴
2011 펜실베니아 대학교 졸업 연설 ❷

Fall forward.

앞으로 넘어지세요.

덴젤 워싱턴도 처음부터 연기자의 꿈을 가지고 있었던 것은 아니었습니다. 포드햄 대학교 재학 시절, 생물학, 정치학 등 여러 가지를 전공하며 자신의 꿈을 찾으려 노력했고, 그러던 중 우연한 기회에 연기에 빠져들게 되었다고 합니다. 그 이후 연극 무대에서 단역을 마다하지 않고 꿈을 위해 노력하였고 결국 성취했죠. 그래서인지 "Fall forward"라는 말이 더욱 깊게 와닿습니다.

1 I'm sure in your experiences in school, in applying to college, in picking your major, in deciding what you want to do with life, I'm sure people have told you to make sure you have something to "fall back on." Make sure you got something to fall back on, honey.

2 But I never understood that concept, having something to fall back on.

3 If I'm going to fall, I don't want to fall back on anything, except my faith. I want to fall forward. I figure at least this way, I'll see what I'm about to hit.

4 Fall forward.

❶ 저는 확신합니다, 여러분들이 학교에서 한 경험들, 대학교에 지원하고, 전공을 선택하고, 무엇을 하며 살아갈지 결정할 때. 사람들은 여러분들에게 뒤에 기댈 곳이 있는지 확인해 보라고 말했을 겁니다. "실패했을 때 기댈 곳이 있는 거지, 얘야?"

❷ 하지만 저는 기댈 곳을 찾으라는 그런 조언을 이해할 수 없었습니다.

❸ 제가 만약 넘어진다면, 저는 제 신념을 제외하고는 어떠한 기댈 곳도 원하지 않습니다. 저는 차라리 앞으로 넘어지겠습니다. 제가 그렇게 한다면 최소한 내가 부딪치게 될 곳을 볼 수 있을 테니까요.

❹ 앞으로 넘어지세요.

1 **Fallback** 만일의 사태에 대한 대비책
We need to have a fallback in case this plan doesn't work out.
이 계획이 성사되지 않을 경우를 대비해서 다른 대책이 필요하다.

2 **Fall back on (somebody/something)** ~에 의지하다
During COVID-19, many independent business owners fell back on their savings.
코로나 19 기간 동안 많은 자영업자들은 그동안 저축한 돈에 의지를 하였다.

3 **Fall back on/to (somebody/something)** 뒤로 넘어지다
She stood up too fast that she started feeling dizzy. So, she fell back on the couch.
그녀는 너무 빨리 일어났더니 어지러워했다. 그래서 소파에 넘어져버렸다.

당신은 의심의 여지없이 실패합니다

덴젤 워싱턴
2011 펜실베니아 대학교 졸업 연설 ❸

You hang around a barbershop long enough, sooner or later you will get a haircut.

이발소에 줄을 서서 기다리더라도,
충분히 기다리기만 하면 머리를 잘라 줄 것이다.

30여년 전, 처음으로 브로드웨이 뮤지컬 오디션을 본 덴젤 워싱턴은
배역을 따내지 못했습니다. 그가 오디션장을 나오자마자 한 일은 바
로 다음 오디션을 준비하는 것이었습니다. 포기하지 않고 계속해서
다음 오디션을 준비했습니다. 결국 점차 연기력을 인정받았고,
미국 최고의 배우라는 명성을 얻게 되었습니다. 이발소에
줄을 서더라도 충분히 기다리기만 한다면 차례가 오듯이,
끊임없이 노력하는 그의 인생에 기회가 찾아오는 것은 어
떻게 보면 당연한 일인지 모릅니다.

16

1　Thomas Edison conducted 1,000 failed experiments. Did you know that? I didn't know that, because 1,001 was the light bulb.

2　Every failed experiment is one step closer to success. You will fail at some point in your life. Accept it. You will lose. You will embarrass yourself. You will suck at something. There is no doubt about it.

3　Early in my career, I auditioned for a part in a Broadway musical. I didn't get the job. But it didn't matter. Because you know what? There is an old saying.

4　You hang around a barbershop long enough, sooner or later you will get a haircut.

❶　토마스 에디슨은 1,000번의 실험을 실패했습니다. 알고 계셨습니까? 저는 몰랐습니다. 왜냐하면 1,001번째 실험에서 전구를 발명했으니까요.

❷　모든 실패한 실험은 성공에 한 걸음 다가가는 것이었습니다. 여러분은 인생의 어떤 지점에서 분명히 실패할 것입니다. 받아들이세요. 여러분들은 패배할 것이고, 창피당할 것이고, 무언가에서 완전히 망할 것입니다. 의심의 여지없이 말이죠.

❸　제 연기 커리어 초기에 브로드웨이 뮤지컬 오디션을 본 적이 있었죠. 저는 배역을 따내는 데 실패했습니다. 하지만 크게 상관하지 않았죠. 왜인 줄 아십니까? 옛말에 이런 말이 있습니다.

❹　이발소에 줄을 서서 기다리더라도, 충분히 기다리기만 하면 머리를 잘라 줄 것이다.

 Words & Phrases

1　**Embarrass** 당황스럽게 만들다
Hope this doesn't embarrass you.
이 일로 당신이 당황스럽지 않았으면 좋겠네요.

2　**Old saying** 속담 / 격언
There is an old saying.
옛말에 이런 말이 있습니다.

3　**Hang around** 기다리다, 서성거리다 / 배회하다 / 어슬렁거리다
Drunken youths hang around outside looking for trouble.
술 취한 청년들이 밖에서 어슬렁거리며 말썽을 부린다.

지금 이 순간을 살아야 합니다

마이클 조던
2020 코비 브라이언트 추도사

No one knows how much time we have.
That's why we must live in the moment.

어느 누구도 우리에게 시간이 얼마나 남았는지 알지 못합니다.
그것이 바로 지금 이 순간을 살아야 하는 이유죠.

만약 여러분께서 사랑하고 열정을 불태울 수 있는 일이 있다면, 지금 모든 것을 쏟아부어 노력해 볼 가치가 있습니다. 왜냐하면 마이클 조던의 말처럼 우리에게 시간이 얼마나 남았는지는 어느 누구도 모르기 때문이죠. 농구 선수로서 누구보다 열정적인 삶을 살아 왔던 코비 브라이언트였기 때문에 그가 삶을 통해 남기고 간 메시지가 조던의 추도사를 통해 전해집니다.

1   If you love something, if you have a strong passion for something, you would go to the extreme to try to understand or try to get it.

2   Kobe gave every last ounce of himself to whatever he was doing. Kobe never left anything on the court. When Kobe Bryant died, a piece of me died.

3   No one knows how much time we have. That's why we must live in the moment. We must enjoy the moment. To live in the moment means to enjoy each and every one that we come in contact with.

4   Please, rest in peace little brother.

❶ 만약 여러분께서 무언가를 사랑하신다면, 어떤 것에 대한 강한 열정이 있으시다면, 그 것을 이해하고 얻기 위해 백방으로 노력하실 것입니다.

❷ 코비는 무엇을 하든지 그의 마지막까지 다 바쳤습니다. 농구 코트에도 모든 것을 쏟아 부었죠. 코비 브라이언트가 죽었을 때, 제 일부도 죽었습니다.

❸ 어느 누구도 우리에게 시간이 얼마나 남았는지 알지 못합니다. 그것이 바로 지금 이 순 간을 살아야 하는 이유고, 지금 이 순간을 즐겨야 하는 이유입니다. 지금 이 순간을 산다 는 것은 우리가 만나는 모든 사람들과의 순간을 즐기라는 이야기죠.

❹ 부디 평온하게 잠들길, 나의 동생아.

1   **Every (last) ounce of**   모든 (마지막) 한 방울
We poured every last ounce of our energy to complete this project.
우리는 이 프로젝트를 마치기 위해 모든 에너지를 마지막까지 다 쏟아부었다.

These children deserve every ounce of our attention.
이 아이들은 우리의 모든 관심을 기울일 가치가 있습니다.

2   **A piece / part of me died**   (정서적으로 애착이 갔던 사물/인물에게 발생한 일로 인해) 내 안에 무언가를 잃어버린 느낌
Every time I see a typo in texts, a little piece of me dies inside.
문자할 때 상대방의 오타를 발견할 때마다, 내 안에 무언가가 타들어가는 느낌이다.

도전하기에 30일이면 충분합니다

멧 커츠
테드 강연

If you really want something badly enough, you can do anything for 30 days.

만약 당신이 무언가를 매우 간절하게 원한다면,
30일 동안 어떤 것이든 해낼 수 있습니다.

혹시 매번 거창한 계획만 세우고 실천하지 못하고 계시다면, 멧 커츠의 '30일 도전' 프로젝트를 통해 작은 것부터 도전해 보시는 것이 어떨까요? 거창하고 큰 계획은 매우 즐겁고 흥분되는 일이지만 그만큼 실천하기 어려운 반면, 작고 지속 가능한 계획들은 도전하는 습관들 들이기 더 쉬운 법이니까요.

1   Think about something you've always wanted to add to your life and try it for the next 30 days. It turns out, 30 days is just about the right amount of time to add a new habit or subtract a habit.

2   I also figured out that if you really want something badly enough, you can do anything for 30 days.

3   I learned that when I made small, sustainable changes, things I could keep doing, they were more likely to stick.

4   So here's my question to you: What are you waiting for?

❶ 내 인생에 추가했으면 하고 여러분들께서 항상 원했던 무언가가 있으시다면, 앞으로 30 일 동안 도전해 보세요. 제가 해 보니, 30일이라는 시간은 새로운 취미를 추가하고, 또 제거하는 데 매우 적합한 정도의 시간입니다.

❷ 또 제가 알게 된 것은, 만약 여러분께서 무언가를 매우 간절하게 원한다면, 30일 동안 어떤 것이든 해낼 수 있다는 것입니다.

❸ 작고 지속 가능한 변화들, 계속해서 해 나갈 수 있는 것으로요. 그것들을 만들어 간다면 습관을 들이기 더 쉽다는 것을 배웠죠.

❹ 그러면 제가 질문 하나 하죠: 무엇을 망설이고 계십니까?

 Words & Phrases

1   **Turns out** (진행 결과가 특정 방식으로) 되다; ~인 것으로 드러나다 [밝혀지다]
The ending of this movie turned out nothing like what I expected.
이 영화의 결말은 내가 예상했던 것과는 다른 결과가 나왔다.

It turns out that they went to the same high school in the States.
그들은 미국에서 같은 고등학교에 다녔다는 것으로 밝혀졌습니다.

2   **Figure out** 계산하다, 알아내다, 이해하다
I've been holding onto this coding project for days, but I still can't figure this out.
이 코딩 프로젝트를 며칠 동안 붙잡아 봤지만 아직도 어떻게 해야 할지 모르겠다.

Could you figure out how much this event will cost?
이 이벤트의 비용이 얼마인지 계산해 줄 수 있습니까?

실수하는 모습도 다 '나'입니다

BTS 김남준(RM)
2018 UN 연설

Maybe I made a mistake yesterday, but yesterday's me is still me.

어쩌면 저는 어제 실수를 저질렀는지도 모릅니다.
하지만 어제의 저도 여전히 저입니다.

주변 사람들의 차가운 시선과 우려 섞인 목소리는 항상 존재합니다. 매번 실수를 하는 내 자신을 보며 자괴감이 들기도 합니다. 하지만 실수하는 모습도 다 '나'입니다. 그런 우려 섞인 목소리들과 실수하는 스스로의 모습들을 담담히 받아들이고 끝까지 포기하지 않는 자세가 지금의 BTS를 있게 하지 않았을까요?

1   Most people thought we were hopeless. Sometimes I just wanted to quit. But I think I was very lucky that I didn't give it all up.

2   I'm sure that I, and we, will keep stumbling and falling like this.

3   And maybe I made a mistake yesterday, but yesterday's me is still me. Today, I am who I am with all of my faults and my mistakes. These faults and mistakes are what I am, making up the brightest stars in the constellation of my life.

4   I'd like to ask all of you. What is your name? What excites you and makes your heart beat?

❶ 대부분의 사람들은 우리가 안 될 것이라고 생각했죠, 가끔은 저도 포기하고 싶었던 적이 있습니다. 그럼에도 불구하고 포기하지 않았던 것은 참 다행입니다.

❷ 저는 확신합니다. 저와 여러분들은 이렇게 계속해서 힘들고 또 넘어지게 될 것입니다.

❸ 그리고 어쩌면 저는 어제 실수를 저질렀는지도 모릅니다. 하지만 어제의 저도 여전히 저입니다. 오늘의 제 모습도, 스스로의 모든 결점과 실수들과 함께합니다. 이런 결점과 실수들도 제 모습이며, 인생이라는 별자리에 가장 밝은 별을 만들어 내는 과정입니다.

❹ 그러면 여러분께 여쭤보고 싶습니다. 여러분의 이름은 무엇입니까? 또 여러분을 흥분시키고 심장을 뛰게 만드는 것은 무엇입니까?

 Words & Phrases

1   **Hopeless**   가망 없는
I feel so hopeless. I am hopeless.
너무 막막하다. 내 자신이 한심하다.

2   **Give it all up**   전부 포기하다
I'm surprised how he graduated from medical school but gave it all up to become a comedian.
그가 의대를 졸업했지만 모든 것을 포기하고 코미디언이 되었다니 놀랐네요.

여러분은 전혀 특별하지 않습니다

맥컬로우 선생님

2012 웰슬리 고등학교 졸업 연설 ❶

You are not special.
You are not exceptional.

여러분들은 특별하지 않습니다.
특출한 것도 아닙니다.

맥컬로우 선생님의 이번 졸업 연설은 뉴스에 보도되는 등 미국 전역에 크게 화제가 되었습니다. 보통 고등학교 졸업 연설이 이렇게 많이 알려지는 경우는 드물다고 하는데요. 그만큼 선생님의 메시지에 힘이 있었기 때문이 아닐까 싶습니다. '여러분들은 특별하지 않습니다'라는 말은, '특별한 인생을 살기 위해서는 그만큼 특별한 노력이 필요하다'는 이야기일지도 모르겠습니다.

1   You are not special. You are not exceptional.

2   You see, if everyone is special, then no one is. If everyone gets a trophy, trophies become meaningless.

3   I also hope you've learned enough to recognize how little you know. It's where you go from here that matters.

4   The fulfilling life, the distinctive life, the relevant life, is an achievement, not something that will fall into your lap because you're a nice person or mommy ordered it from the caterer.

❶ 여러분은 특별하지 않습니다. 특출한 것도 아닙니다.

❷ 생각해 보세요, 만약 모두가 특별하다면, 누구도 특별하지 않죠. 모두가 트로피를 받는다면, 트로피는 아무 의미가 없습니다.

❸ 저는 또한 여러분 스스로가 얼마나 지식이 부족한지 충분히 깨달았으면 합니다. 지금부터 어디로 가느냐가 중요한 것입니다.

❹ 만족스러운 인생, 특색 있는 인생, 의미 있는 인생은 성취해 내는 것이지 여러분 무릎 위에 자동으로 떨어지는 그런 것이 아닙니다. 여러분이 착한 사람이라서 혹은, 엄마가 식당 주문하듯 나오는 것이 아닙니다.

 Words & Phrases

1   **Exceptional** 이례적일 정도로 우수한, 특출한
It is important to continue improving your skills even if you have exceptional talent.
뛰어난 재능이 있더라도 계속해서 기술을 향상시키는 것이 중요합니다.

2   **Meaningless** 의미 없는
She decided to host a book club after being exhausted of countless gatherings full of meaningless conversations.
무의미한 대화로 가득한 수많은 모임에 지친 그녀는 북클럽을 주최하기로 결정했습니다.

3   **How little you know** 아는 게 얼마나 적은지
One of Albert Einstein's famous quotes is "The more I learn, the more I realize how much I don't know."
앨버트 아인슈타인의 유명한 명언 중 하나는 배우면 배울수록 내 자신이 무지하다는 것을 깨닫게 된다.

YOLO보다는 YLOO

맥컬로우 선생님

2012 웰슬리 고등학교 졸업 연설 ❷

> # Rather than You Only Live Once, it should be You Live Only Once.
>
> '어차피 인생은 한 번 사는 것인데' 대신,
> '오직 한 번 뿐인 인생이니까'.

여러분들도 한번쯤 들어보셨을 YOLO(욜로)라는 말은, '현재의 행복을 중요시하고 나를 위한 소비에 아낌이 없는 태도'를 뜻합니다. 하지만 맥컬로우 선생님은 이제 막 고등학교를 졸업하는 학생들에게 YOLO(욜로)보다는 YLOO(일루) 하기를 추천합니다. 왜냐하면 우리 인생은 오직 한 번 뿐이니까요.

1 Now, before you dash off and get your YOLO tattoo, let me point out the illogic of that trendy little expression, because you can and should live not merely once, but every day of your life.

2 Rather than You Only Live Once, it should be You Live Only Once.

3 Climb the mountain not to plant your flag, but to embrace the challenge, enjoy the air and behold the view.

4 Get busy, have at it. Don't wait for inspiration or passion to find you. Get up, get out, explore, find it yourself, and grab hold with both hands.

① 졸업했다고, 당장 뛰어가서 YOLO 문신을 새기기 전에 요즘 유행하는 그 표현의 비논리적인 부분을 짚어 보겠습니다. 왜냐하면 여러분은 한 번만 사는 것이 아니라, 매일을 사는 것이기 때문이죠.

② '어차피 인생은 한 번 사는 것인데', 대신에, '오직 한 번 뿐인 인생이니까'가 되어야 합니다.

③ 깃발을 꽂기 위해서 산을 오르는 것이 아니라, 모든 도전을 기꺼이 받아들이고, 맑은 공기를 즐기고 경치를 눈에 담기 위해 산에 오르세요.

④ 바쁘게 살고, 당장 시작하세요. 영감이나 열정이 여러분을 찾아오길 기다리지 마세요. 생각해 일어나서, 나가세요, 탐험하세요, 스스로를 찾으세요. 그리고 양손으로 꽉 움켜쥐세요.

1 **Point out** 가리키다, 지적하다, 주목하다

She tried her best to point out his mistake as politely as possible to not make him feel offended.

그녀는 그가 기분이 상하지 않도록 그의 실수를 최대한 정중하게 설명하려고 최선을 다했습니다.

2 **Plant one's flag** 선점하다

Numerous companies in Korea are trying to plant their flags in the e-commerce industry.

한국의 수많은 기업들이 전자 상거래 산업을 선점하려고 노력하고 있다.

3 **Embrace** 받아들이다; 포괄하다

This podcast is loved by many because it embraces a wide range of political and cultural issues.

이 팟캐스트는 다양한 정치적, 문화적 문제를 포괄하기 때문에 많은 사람들에게 사랑받고 있습니다.

행복보다는 기쁨을 좇으세요

매튜 맥커너히
2015 휴스턴 대학교 졸업 연설 ❶

Joy is the feeling that we have from doing what we are fashioned to do, no matter the outcome.

기쁨은, 결과와 상관없이
우리가 하고자 하는 일을 통해서 얻게 되죠.

딱딱하고 엄숙한 분위기의 다른 졸업식 연설 풍경과는 다르게,
2015년 휴스턴 대학교 졸업 연설 연사로 나온 배우 매튜 맥
커너히는 등장과 동시에 재킷을 벗어 던지고 조그마한
의자에 걸터앉은 채 이야기를 시작합니다. 마치 졸업
을 앞둔 동생들에게 꼭 해 주고 싶은 이야기가 있다는
듯한 표정입니다. 마치 졸업식 연설 자체를 즐기며 그
안에서 기쁨을 추구하는 듯 말이죠.

1 Happiness is an emotional response to an outcome. If I win, I will be happy. If I don't, I won't.

2 And I say if happiness is what you're after, then you're gonna be let down frequently and you're gonna be unhappy much of your time.

3 Joy, though, it's not a response to some result. Joy is the feeling that we have from doing what we are fashioned to do, no matter the outcome.

4 See, joy is always in process. It's under construction. It is in constant approach.

❶ '행복'은 결과에 기반한 감정의 반응입니다. 만약 이긴다면 기쁠 것이고, 만약 진다면 불행하겠죠.

❷ 그리고 만약 여러분들이 추구하는 것이 '행복'이라면, 자주 실망하게 될 것이고, 대부분의 시간을 불행하게 보내게 될 것입니다.

❸ 하지만 기쁨은 결과를 기반으로 하지 않습니다. 기쁨은 우리가 하고자 하는 일을 통해서 얻게 되죠. 결과와 상관없이요.

❹ 이렇게, 기쁨은 항상 진행 중입니다. 항상 만들어지고 있는 중이죠. 끊임없이 찾아오는 것이죠.

 Words & Phrases

1 **Outcome** 결과
Nobody was able to predict the outcome of this competition.
아무도 이 경쟁의 결과를 예측할 수 없었습니다.

2 **(Go/Be) after** ~를 뒤쫓다, 추구하다, 얻으려고 하다.
The police went after the pickpockets but they got away.
경찰은 소매치기를 쫓았지만 그들은 도망쳤다.

Even if you might not be able to go after your dream job right now, that doesn't mean you should give up!
지금 당장 꿈의 직장을 쫓을 수 없다고 해서 포기해야 한다는 뜻은 아닙니다!

불필요한 시간 낭비 하지 마세요

매튜 맥커너히
2015 휴스턴 대학교 졸업 연설 ❷

Decrease your options.

여러분 인생의
옵션을 줄이세요.

매튜 맥커너히는 현재 연기력과 흥행력을 인정받는 할리우드 대표 배우이지만, 데뷔 초기에는 그저 그런 로맨틱 코미디용 배우로 낙인찍히기도 했었습니다. 엄청난 노력파로 알려진 그는 이미지 쇄신을 꾀했습니다. 결국 '달라스 바이어스 클럽'이라는 영화에서 20kg 감량한 몸으로 에이즈 환자를 연기하여, 그해 아카데미와 골든 글로브를 휩쓸며 연기력을 인정받았습니다.

1 Process of elimination is the first step to our identity, a.k.a, where you are not is as important as where you are.

2 How about that bar that we keep going to that we always seem to have the worst hangover from?

3 Well, those people, those places, those things, stop giving them your time and energy. Just don't go there.

4 Trust me, too many options will make a tyrant of us all. So get rid of the excess, the wasted time. Decrease your options.

❶ (불필요한 것들을) 제거해 나가는 과정은 우리 정체성 회복을 위한 첫 번째 걸음입니다. 자신답지 않은 모습을 아는 것이 지금 자신의 모습을 아는 것보다 중요하다는 것이죠.

❷ 우리가 자주 가는 술집은 어떻습니까, 그곳에서 항상 끔찍한 숙취를 얻어 오지 않습니까.

❸ 보세요, 그런 사람들, 그런 장소, 그런 것들에 여러분의 시간과 에너지를 낭비하지 마세요. 그냥 가지 마세요.

❹ 저를 믿으세요. 너무 많은 옵션들은 여러분들을 파국으로 이끌 뿐입니다. 그러니 그런 불필요한 것, 시간 낭비를 인생에서 제거하세요. 여러분들의 옵션을 줄이세요.

 Words & Phrases

1 **Process of elimination** 제거 과정

By the process of elimination, judges were able to finalize the list of candidates who passed the first round of audition.

탈락 과정을 통해 심사위원단은 1차 오디션에 합격 한 후보자 명단을 확정할 수 있었다.

2 **Get rid of** ~을 처리하다, 없애다

I jog when I want to get rid of my stress and anxieties.

저는 스트레스와 불안을 해소하고 싶을 때 조깅을 합니다.

처음부터 잘하는 사람은 없습니다

마크 저커버그
2017 하버드 졸업 연설 ❶

You just have to get started.

여러분,
그냥 시작하세요.

페이스북 CEO로 잘 알려진 혁신적인 기업가 마크 저커버그도 처음부터
페이스북을 창업할 아이디어가 떠올랐던 것은 아니었습니다. 하버드 대
학교 재학 시절, 동문을 관리하는 프로그램을 만든 것이 페이스
북의 시초였죠. 아이디어는 완전한 상태로 떠오르지 않으며,
처음부터 잘하는 사람 또한 없습니다.

1 Millions of volunteers immunized children around the world against polio. And millions of more people built the Hoover dam and other great projects.

2 And now it's our generation's turn to do great things.

3 Now I know, maybe you're thinking: I don't know how to build a dam, I don't know how to get a million people involved in anything.

4 Well, let me tell you a secret: no one does when they begin. Ideas don't come out fully formed. They only become clear as you work on them. You just have to get started.

❶ 수백만 명의 자원봉사자들이 아이들의 소아마비 예방 접종을 도왔습니다. 또 다른 수백만 명의 사람들은 후버 댐을 건설하고 다른 위대한 프로젝트에 참여했죠.

❷ 그리고 이제는 우리 세대가 위대한 과업을 할 때입니다.

❸ 아마 지금 이런 생각을 하시겠죠, '나는 댐을 만드는 방법도 모르는데', '나는 어떻게 백만 명을 어떤 일에 참여시킬지도 모르는데.'

❹ 음, 제가 비밀 하나 말씀드리죠, 어느 누구도 처음부터 잘하지 못합니다. 아이디어는 완전한 상태로 떠오르지 않는 법입니다. 오직 실행을 통해서 명확해질 뿐이죠. 그러니 여러분, 그냥 시작하세요.

 Words & Phrases

1 **Do great things** 대단한 일을 하다

I believe that this child will do great things in the future.

나는 이 아이가 앞으로 큰일을 할 것이라고 믿습니다.

2 **Fully** 완전히, 충분히

It is scientifically known that the crucial part of the brain-frontal lobes aren't fully developed during adolescence.

청소년기에는 뇌 전두엽의 중요한 부분이 완전히 발달되지 않은 것으로 과학적으로 알려져 있습니다.

It took her more than a year to fully recover from her thyroid operation.

그녀는 갑상선 수술에서 완전히 회복하는 데 1년 이상이 걸렸습니다.

페이스북도 실패 끝에 나왔습니다

마크 저커버그
2017 하버드 졸업 연설 **②**

The greatest successes come from having the freedom to fail.

가장 위대한 성공은
실패할 수 있는 자유가 있을 때 나옵니다.

스티브 잡스는 한 인터뷰에서 이렇게 밝힌 바 있습니다. "사람들은 성공한 사업을 보고 '저 아이디어 나도 몇 년 전에 생각했던 건데'라며 쉽게 이야기하지만, 정작 성공한 사람을 보면 그들은 아이디어를 떠올린 Thinker(기획자)임과 동시에 현실로 구현해 낸 Doer(실행자)입니다." 마크 저커버그도 Thinker 이자 Doer였으며 그 과정에서 수많은 실패가 있었습니다.

Key Expressions

1 Now, many of our parents had stable jobs throughout their careers. But in our generation, we're all a little entrepreneurial, whether we're starting our own projects or finding our role in another one.

2 Facebook wasn't the first thing I built. I also built chat systems, and games, study tools and music players. And I'm not alone.

3 JK Rowling got rejected 12 times before she finally wrote and published *Harry Potter*. Even Beyonce had to make hundreds of songs to get *Halo*.

4 The greatest successes come from having the freedom to fail.

❶ 저희 부모님들은 평생을 일할 안정적인 직장이 있으셨죠. 하지만 우리 세대에서는 모두 가 창업가 정신을 가져야 합니다. 자기 사업을 하든 회사에서 자신의 역할을 찾든 말이죠.

❷ 페이스북도 저의 첫 번째 회사가 아니었습니다. 저는 채팅 프로그램과 게임, 교육과 음 악 관련 프로그램도 만들었죠. 저 뿐만이 아닙니다.

❸ JK 롤링도 12번이나 거절당했습니다. 〈해리 포터〉를 쓰고 출판하기까지 말이죠. 심지어 비욘세도 'Halo'라는 곡을 쓰기까지 수백 곡을 만들어야 했죠.

❹ 가장 위대한 성공은 실패할 수 있는 자유가 있을 때 나오는 것입니다.

Words & Phrases

1 **Not alone** 혼자가 아니다
You are not alone in feeling lonely, so don't be afraid to share your feelings!
당신 혼자서만 외로움을 느끼는 게 아니니 감정을 나누는 것에 대해 두려워하지 마세요! .

2 **Have the freedom to** ~할 자유가 있다, 마음대로 ~할 수 있다
Some schools did not let students have the freedom to choose their own hairstyle.
일부 학교에서는 학생들의 두발 자유를 허용하지 않았습니다.

걱정하지 말고, 쿨한 척 하지 말고

베네딕트 컴버배치
2017 레터스 라이브 행사 편지 낭독

Just Do!

그냥 좀, 해!

단순한 편지 낭독 행사라고 생각하신다면 오산입니다. 베네딕트 컴버배치는 혼신의 연기력으로 낭독 행사장을 단숨에 영화 촬영장으로 만들어버립니다. 조금은 혼나는 듯한 기분이 들기도 하지만, 그가 전하는 메시지는 명확합니다. "망설이지 말고 제발, 그냥 좀, 해!" 이번 주제만큼은 꼭 영상으로 한 번 더 보시는 것을 추천드립니다.

1 Just stop thinking, worrying, looking over your shoulder, wondering, doubting, fearing, hurting, hoping for some easy way out.

2 Stop it and just Do!

3 Don't worry about cool, make your own uncool. You must practice being stupid, dumb, unthinking, empty.

4 You also must believe in your ability. I think you do. So try the most outrageous things you can. Shock yourself. You have at your power the ability to do anything.

❶ 그만 좀 생각해, 걱정하고 또 불안에 떨지도 말고, 망설이고, 의심하고, 두려워하고, 상처 받지 말고, 쉬운 길만 찾아다니지 말고.

❷ 다 그만두고, 그냥 좀 해!

❸ 쿨해야 한다고 걱정하지 마. 너만의 쿨하지 않음을 만들어. 너는 좀 바보 같고, 멍청하고, 생각 없이 마음을 비우는 연습이 필요해.

❹ 너는 또 네 능력을 믿어야만 해. 그럴 수 있을 것이라고 생각해. 네가 할 수 있는 가장 터무니없는 일을 시도해 봐. 스스로를 놀래켜 봐. 네 안에는 뭐든 할 수 있는 능력이 있다고, 뭐든.

 Words & Phrases

1 **Take / Find the easy way out** (곤란한 상황을 끝내기 위해) 쉬운 길을 택하다
There is no easy way out of this complicated issue. We should all deep dive and get to the root of the problem.
이 복잡한 문제에서 쉽게 벗어날 수 있는 방법은 없습니다. 우리 모두 문제의 핵심까지 파고들어야 합니다.

2 **Outrageous** 너무나 충격적인; 유별난
Some of the requests from the clients were outrageous but we still had to put our utmost efforts to meet their needs.
고객의 일부 요청은 터무니없었지만 우리는 그럼에도 고객의 요구를 충족하기 위해 최선을 다해야 했습니다.

이 선물의 가격은 55,000달러입니다

스테이시 크레머
테드 강연

It was a rare gem, a brain tumor, hemangioblastoma.

그것은 바로 매우 희귀한 보석,
뇌종양, '혈관모 세포종' 입니다.

그녀가 자신에게 찾아온 인생 최악의 불청객인 뇌종양을 선물이
라고 표현한 이유는 무엇일까요? 아마도 뇌종양을 치료하는 과정
에서 삶의 소중함을 느끼게 되었기 때문일 것입니다. 그리고 어
쩌면 지금 우리도, 평범한 삶 속의 소중함을 놓치며 살고 있는
지도 모릅니다.

1 Imagine, if you will, a gift. It's not too big, about the size of a golf ball.

2 It will bring all of your family together. And you'll have an eight-week vacation of doing absolutely nothing.

3 The price? $55,000, and that's an incredible deal. It was a rare gem, a brain tumor, hemangioblastoma, the gift that keeps on giving.

4 It profoundly altered my life in ways I didn't expect in all the ways. So the next time you're faced with something that's unexpected, unwanted and uncertain, consider that it just may be a gift.

❶ 가능하다면 이 선물을 한 번 상상해 보세요. 그리 크지 않습니다. 골프공 정도의 사이즈죠.

❷ 이 선물은 여러분의 모든 가족을 모이게 만들 것입니다. 그리고 손가락 하나 까딱하지 않아도 되는 8주의 휴가를 얻게 되실 겁니다.

❸ 가격이요? 55,000달러입니다. 말도 안 되게 저렴한 가격이죠. 그것은 매우 희귀한 보석, 뇌종양, 혈관모 세포종입니다. 저에게 아낌없이 주기만한 선물입니다.

❹ 이 선물은 예상치 못한 방식으로 제 삶을 완전히 바꿔 놓았습니다. 그러니 다음에 여러분들이 예상치 못한 무언가, 원하지 않았던 것, 불확실한 무언가를 맞닥뜨리신다면, 이렇게 한번 생각해 보세요. 그것은 아마도 "선물이라고".

1 **If you will** 말하자면, 달리 말하자면(So to speak와 비슷한 의미)
This new system will allow us not only to reduce operating costs and increase efficiency, but also get back to solid ground, if you will.
이 새로운 시스템을 통해 우리는 운영 비용을 줄이고 효율성을 높일뿐만 아니라, 달리 말하자면 견고한 기반으로 돌아갈 수 있습니다.

2 **In ways [someone] didn't expect** 예상치 못하게
The pandemic has accelerated in ways we didn't expect.
전염병은 우리가 예상하지 못한 방식으로 가속화되었습니다.

일은 인생에서 매우 큰 부분입니다

스티브 잡스
2005 스탠퍼드 대학교 졸업 연설 ❶

So, keep looking.
Don't settle.

그러니, 계속해서 찾으세요.
현실에 안주하지 마세요.

1985년, 스티브 잡스는 본인이 설립한 회사인 애플에서 해고를 당하고 NeXT라는 새로운 회사를 시작했습니다. 2000년, 그는 이 회사를 발판으로 다시 애플에 복귀하여 보란 듯이 수많은 히트작들을 발표하였고 지금 우리에게 익숙한 애플이 탄생하게 되었습니다. 이렇듯 스티브 잡스는 자신이 좋아하는 일에 인생을 바친, 철저한 워커홀릭의 삶을 살았습니다. 2005 스탠퍼드 대학교 졸업 연설은 그의 인생을 통째로 함축시켜 놓은 듯 멋진 메시지가 가득합니다.

Key Expressions

1 Sometimes life is going to hit you in the head with a brick. Don't lose faith.

2 Your work is going to fill a large part of your life, and the only way to be truly satisfied is to do what you believe is great work. And the only way to do great work is to love what you do.

3 If you haven't found it yet, keep looking. And don't settle. As with all matters of the heart, you'll know when you find it.

4 And, like any great relationship, it just gets better and better as the years roll on. So, keep looking. Don't settle.

❶ 가끔은 인생이 당신을 배신할 때도 있습니다. 믿음을 잃지 마세요.

❷ 여러분의 일은 인생에서 커다란 부분을 차지할 것입니다. 진정한 만족을 얻을 수 있는 단 하나의 방법은, 당신이 위대하다고 믿는 그 일을 하는 것입니다. 위대한 일을 하는 방법은 그 일을 사랑하는 것뿐이죠.

❸ 아직 찾지 못했다면, 계속해서 찾으세요. 그리고 현실에 안주하지 마세요. 진심을 다한다면 결국 찾을 수 있다는 것을 알게 될 것입니다.

❹ 모든 위대한 관계들이 그렇듯, 시간이 지날수록 점점 더 나아질 것입니다. 그러니 계속해서 찾으세요. 현실에 안주하지 마세요.

Words & Phrases

1 **Don't lose faith** 믿음을 잃지 마세요

Although this baseball team has lost multiple games in a row, fans didn't lose faith in the players.

이 야구 팀은 연속으로 경기를 졌지만, 팬들은 선수들에 대한 믿음을 잃지 않았습니다.

2 **Do what you believe is ~** ~다고 믿는 일을 하세요

Just do what you believe is right.

당신이 옳다고 믿는 일을 하세요.

I understand that you are trying to do what you believe is best for your children, but keep in mind that sometimes high expectation could overwhelm them.

자녀에게 가장 좋다고 생각하는 일을 하려고 노력하는 건 이해하지만 때로는 높은 기대치가 자녀에게 부담을 줄 수 있다는 점을 기억하세요.

41

결정을 할 때, 죽음을 떠올려 보세요

스티브 잡스
2005 스탠포드 대학교 졸업 연설 ❷

There is no reason not to follow your heart.

가슴이 시키는 대로 살지 않을 이유가 없습니다.

스티브 잡스는 스탠포드 대학교 졸업식 연사로 나서기 1년 전인
2004년 췌장암 수술을 받고 죽음의 문턱에서 살아 돌아오는 경험
을 하게 됩니다. 그런 그의 경험을 바탕으로 한 이번 메시지는 우리
에게도 언젠가 맞이할 죽음을 떠올려 보게 함과 동시에 지금
가슴이 시키는 대로 살고 있는 것인지 되묻게 합니다.

1   Remembering that I'll be dead soon is the most important tool I've ever encountered to help me make the big choices in life.

2   Because almost everything — all external expectations, all pride, all fear of embarrassment or failure – these things just fall away in the face of death, leaving only what is truly important.

3   Remembering that you are going to die is the best way I know to avoid the trap of thinking you have something to lose. You are already naked.

4   There is no reason not to follow your heart.

❶ 곧 죽는다는 것을 떠올리는 일은, 저에게 있어 인생에서 커다란 결정을 내릴 순간을 맞닥뜨렸을 때 가장 중요한 잣대였습니다.

❷ 왜냐하면 이것이 거의 전부이기 때문이죠. 사람들의 기대, 나의 자부심 그리고 실패에 대한 두려움. 이것들은 전부 죽음 앞에서 떨어져 나갑니다. 진정으로 중요한 것들만 남게 되죠.

❸ 당신이 죽는다는 것을 떠올리는 것이야 말로, 무엇을 잃을지도 모른다는 잡념의 굴레에 갇히지 않는 최고의 방법입니다. 여러분들은 이미 맨몸입니다.

❹ 가슴이 시키는 대로 살지 않을 이유가 없습니다.

1   **Encounter** 맞닥뜨리다; 마주치다
One of the most common job interview questions is describing difficulties you have encountered during a particular project and actions you took to overcome them.
가장 자주 나오는 면접 질문 중 하나는 특정 프로젝트에서 겪은 어려움과 이를 극복하기 위해 취한 조치를 설명하는 것입니다.

2   **In the face of ~** ~ 앞에서; ~에도 불구하고
He couldn't lie anymore in the face of tangible evidence.
그는 확실한 증거에 더 이상 거짓말을 할 수 없었습니다.

여러분의 시간은 한정되어 있습니다

스티브 잡스
2005 스탠포드 대학교 졸업 연설 ❸

So don't waste it living someone else's life.

그러니 다른 사람의 삶을 사느라
인생을 낭비하지 마세요.

●

무언가 새로운 일을 하고자 할 때면 주변에는 항상 나를 걱정하는 우려 섞인 목소리들, 혹은 비난하는 목소리들이 있기 마련입니다. 아무리 친한 친구, 심지어 가족이라 할지라도 내 마음과 직관보다 나를 더 잘 이해할 수는 없습니다. 저도 나이가 들면서 내 마음의 소리를 듣는 법을 조금씩 배웠던 것 같습니다.
여러분들은 지금 여러분들의 인생을 살고 계신가요?

1 Death is the destination we all share. No one has ever escaped it.

2 And that is as it should be, because death is very likely the single best invention of life. It is life's change agent. It clears out the old to make way for the new.

3 Your time is limited, so don't waste it living someone else's life.

4 And most important, have the courage to follow your heart and intuition. They somehow already know what you truly want to become. Everything else is secondary.

❶ 죽음은 우리 모두의 종착역입니다. 그 누구도 피해간 적이 없습니다.

❷ 그리고, 그래야만 합니다. 왜냐하면 죽음은 삶이 만든 최고의 발명품이니까요. 죽음은 삶을 변화시킵니다. 구시대를 떠나보내고 새로운 시대를 엽니다.

❸ 여러분의 시간은 한정되어 있습니다. 그러니 다른 사람의 삶을 사느라 인생을 낭비하지 마세요.

❹ 그리고 가장 중요한 것은 마음과 직관을 따를 용기를 가지는 것입니다. 마음과 직관은 여러분이 되고자 하는 바를 이미 알고 있습니다. 마음을 따르는 것 이외에는 모두 부수적인 것입니다.

 Words & Phrases

1 **Clear out** 정리하다

I like to take a walk when I need to clear out my mind.
저는 마음을 정리해야 할 때 산책하는 것을 좋아합니다.

I need to clear some junk out of my car trunk before we go on a road trip.
자동차 여행을 떠나기 전에 차 트렁크에서 쓰레기를 치워야 합니다.

2 **Have the courage to** ~할 용기를 가지다

Although I've got a lot on my plate already, I didn't have the courage to refuse my friend's urgent request.
이미 할 일이 엄청 많이 쌓여 있었지만, 차마 제 친구의 급한 부탁을 거절할 용기가 없었습니다.

무슨 일을 할지 고민되십니까?

짐 캐리
2014 마하리쉬 대학교 졸업 연설

You can fail at what you don't want, so you might as well take a chance on doing what you love.

원치 않는 일을 하면서 실패하느니, 이왕이면
사랑하는 일에 한번 도전해 보세요.

짐 캐리는 상당히 이른 나이인 10대 후반 스탠드업 코미디를
하는 코미디언으로 데뷔하여 주목을 받지만 방송계에 진출한
이후에는 상당히 긴 무명 시절을 보내게 됩니다. 일거리를 찾
지 못해 버려진 차에서 잠을 자고 매 끼니 햄버거를 먹으며 버
티던 짐 캐리는 3년 안에 1천만 달러를 받는 배우가 되겠다며,
스스로에게 1천만 달러짜리 백지 수표를 썼다고 합니다. 그리
고 영화 〈배트맨 포에버〉에서 출연료 1천만 달러를 받으며 꿈
을 현실로 이루게 됐습니다.

1   So many of us choose our path out of fear disguised as practicality.

2   My father could have been a great comedian, but he didn't believe that was possible for him, and so he made a conservative choice.

3   Instead, he got a safe job as an accountant, and when I was 12 years old, he was let go from that safe job and our family had to do whatever we could to survive.

4   I learned many great lessons from my father, not the least of which was that you can fail at what you don't want, so you might as well take a chance on doing what you love.

① 우리 중 많은 사람들은 현실로 가장한 두려움에 못 이겨 선택을 하게 됩니다.

② 제 아버지께서는 훌륭한 코미디언이 되실 수 있었지만, 스스로 불가능하다고 생각하셨죠. 그리고 보수적인 결정을 내리셨습니다.

③ 코미디언 대신에 회계사라는 안전한 직업을 택하셨습니다. 그리고 제가 12살이던 해에, 그 안전한 직업에서 해고를 당하셨습니다. 저희 가족은 살기 위해 어떤 일이라도 해야 했습니다.

④ 저는 아버지로부터 많은 멋진 교훈들을 얻었습니다. 가장 중요한 것은 원치 않는 일을 하면서 실패하느니 이왕이면 사랑하는 일에 한번 도전해 보세요.

 Words & Phrases

1   **Disguise** 변장하다, 숨기다, 위장하다
His constant emphasis on his career achievements and possessions were only a disguise to hide his insecurities.
그의 경력 업적과 소유물에 대한 지속적인 강조는 그저 불안감을 숨기는 변장에 불과했습니다.

2   **Not the least of which is ~** 그중 가장 중요한 것은
There are many things that make me happy and enjoy life, not the least of which is spending quality time with my friends and family.
저를 행복하게 만들고 삶을 즐길 수 있게 해 주는 것들은 많습니다. 그중에서도 친구들과 가족이랑 함께 좋은 시간을 보내는 것이 가장 중요하죠.

Unit 019

38세가 되어서야 발견했습니다

켄 정
2019 노스캐롤라이나 주립 대학교 졸업 연설 ❶

If you forget anything I say right now, find your passion.

지금 제가 하는 말을 전부 잊어버리시더라도,
'여러분의 열정을 찾으세요' 라는 말은 기억하세요.

배우 켄 정을 아십니까? 영화 트랜스포머, 행오버 등에 출연한 모습을 보셨던 분들도 계실 텐데요, 미국에서는 이미 매우 인기 있는 코미디 배우로 유명합니다. 하지만 배우 켄 정은 켈리포니아주 의사 면허를 소지한 의사이고, 38세가 되어서야 연기자의 꿈을 가지고 연기를 시작했다고 합니다. "열정을 찾아라"라는 말은 다소 진부하지만 38세에 꿈을 찾아 도전한 켄 정의 입을 통해 전해지니 더 와닿습니다.

Key Expressions

1. I honestly have one simple message, and it's something that you guys already know.

2. Find your passion. If you forget anything I say right now, find your passion.

3. Because it took me a long road to find my own passion. I kind of lost my way by trying to keep up. I was not finding my own passion.

4. What I didn't know in college, was I had a passion for acting. I had a passion for comedy. I'm 49 years old. I know I look good. I didn't start doing this until I was 38. So, I found my passion later in life.

❶ 저는 간단한 하나의 메시지만 가지고 왔습니다. 그리고 이 메시지는 여러분들 모두가 이미 알고 있는 것이죠.

❷ 여러분의 열정을 찾으세요. 지금 제가 하는 이야기를 전부 잊어버리시더라도, 열정을 찾으라는 말은 꼭 기억하세요.

❸ 왜냐하면, 저는 제 열정을 발견하기까지 오랜 시간이 걸렸거든요. 그저 남들을 따라잡으려고 노력하기 바빠 길은 잃은 것만 같았죠. 제 열정을 발견하지 못했습니다.

❹ 제가 대학교 시절 몰랐던 것은, 연기에 대한 열정이 있었다는 것입니다. 코미디에 대한 열정이 있었다는 것입니다. 저는 올해 49세입니다. 물론 그렇게 안 보이시겠지만요. 저는 38세가 될 때까지 연기를 시작하지 못했습니다. 그러니까, 굉장히 늦은 나이에 열정을 발견한 것이죠.

Words & Phrases

1. **Long road** 먼 길
We have a long road ahead. You better be prepared!
우리는 앞으로 갈 길이 멀어요. 준비하는 것이 좋을 거예요!

2. **Keep up** 따라가다
When she immigrated to the United States, it was hard to keep up in school at first due to the language barrier.
그녀가 미국으로 이민 왔을 때 언어 장벽으로 인해 처음에는 학교 생활을 유지하기가 어려웠습니다.

When we go shopping, Jane walks so fast that sometimes I even have to run to keep up with her.
쇼핑하러 갈 때 제인은 너무 빨리 걸어가서 가끔은 그녀를 따라잡기 위해 달려야만 합니다.

49

저의 재능은 바로 끈기입니다

켄 정
2019 노스캐롤라이나 주립 대학교 졸업 연설 ❷

I will stay until the very end to see something happen.

무슨 일이 일어날지 보기 위해서
저는 끝까지 남아 있을 것입니다.

배우로 성공한 이후 켄 정의 꿈은 할리우드에서 아시아계 미국인 배우들로만 구성된 콘텐츠를 제작하는 것이었습니다. 이후 본인이 연출을 맡은 '닥터 켄 쇼'를 제작하지만, 시청률 저조로 큰 실패를 맛보게 됩니다. 하지만 포기하지 않았던 켄 정은 아시아계 미국인 배우로만 캐스팅된 영화 '크레이지 리치 아시안'에 출연하였고, 그 영화는 큰 흥행을 하게 됩니다.

1 I was a shy kid at Page High School that never even dreamed to be an actor, and then now I'm doing things that are beyond my dreams right now. I'm living a life that I never thought would be possible.

2 But you know what my biggest talent is?

3 It's persistence. I do not give up. I do not give up anything. If I'm passionate about it, I do not give up. I will stay until the very end to see something happen.

4 If I can do this, and if I can do what I want, so can you.

❶ 저는 부끄러움을 많이 타는 페이지 고등학교 학생이었고, 감히 배우가 된다는 것을 꿈 꿔 본 적이 없습니다. 그런데 지금은, 저의 꿈 이상의 일들을 해내고 있습니다. 불가능하 다고 생각했던 삶을 살아가고 있습니다.

❷ 그런데 저의 가장 큰 재능이 무엇인 줄 아십니까?

❸ 바로 끈기입니다. 저는 포기하지 않습니다. 저는 어떤 것도 포기하지 않습니다. 만약 제 가 무언가에 열정을 가진다면, 포기하지 않습니다. 무슨 일이 일어날지 보기 위해서 저 는 끝까지 남아 있을 것입니다.

❹ 제가 할 수 있다면, 저 같은 사람도 원하는 일을 해낼 수 있다면, 여러분도 하실 수 있습 니다.

 Words & Phrases

1 **Beyond ~** 그 너머에

I'm grateful beyond words for what you have done for me.
저를 위해 해 주신 것에 대해서 뭐라 말로 표현할 수 없을 만큼 정말 감사드립니다.

This trip was beyond our expectation. We had such a good time!
이 여행은 우리의 기대 이상이었습니다. 우리는 정말 즐거운 시간을 보냈습니다!

His laptop was beyond repair. It was more cost-effective to rather buy a new one.
그의 노트북은 수리가 불가능했습니다. 오히려 새것을 사는 것이 더 비용 효율적이었습니다.

'좋아요'를 갈망하는 삶에서 벗어나자

팀 쿡
2017 MIT 졸업 연설

Not in the likes, but the lives you touch.

'좋아요' 수가 아니라,
'얼마나 많은 사람들의 삶에 감동을 주었는지'.

스티브 잡스의 뒤를 이어 애플을 운영하고 있는 팀 쿡에게 사람들은 혁신이 없다며 손가락질을 했습니다. 하지만 스티브 잡스는 팀 쿡에게 CEO직을 넘겨주며 "잡스라면 어떻게 했을까와 같은 생각은 하지 말고 스스로 올바른 길을 가라"라고 당부를 했다고 합니다. 팀 쿡이 애플을 지휘한 이후로 회사 수익 구조를 대폭 향상시키며 시가 총액 1위 기업으로 거듭날 수 있었던 것은 '많은 사람들의 삶에 감동을 주자'라는 그만의 경영 철학이 뒷받침되었던 것이 아닐까요?

1   'Where is this all going?' 'What is the purpose?' Maybe by talking about my journey today, I can save you some time.

2   'Serve humanity.' How can I serve humanity? This is life's biggest and most important question. When you work towards something greater than yourself, you find meaning, you find purpose.

3   Measure your impact in humanity not in the likes, but the lives you touch; not in popularity, but in the people you serve.

4   As Dr. Martin Luther King said, "All life is interrelated. We are all bound together into a single garment of destiny."

❶   '대체 어디로 가고 있는 거지?', '내 목적지는 어디지?' 어쩌면 오늘 제 인생 이야기를 통해, 여러분들이 답을 찾는 시간을 조금 줄일 수 있을지도 모르겠습니다.

❷   '인류를 이롭게 하다.' 어떻게 내가 인류에 기여할 수 있을까요? 이것은 인생에서 가장 크고 중요한 질문입니다. 만약 여러분들이 자신보다 큰 무언가를 위해 일할 때, 의미를 찾게 되고, 목적을 발견하게 됩니다.

❸   내가 얼마나 인류에 기여하는지를 볼 때, '좋아요' 수가 아닌 '얼마나 많은 사람들의 삶에 감동을 주었는지'를 보세요. '얼마나 인기 있는지'가 아닌 '얼마나 많은 사람들을 도왔는지'를 보세요.

❹   마틴 루터 킹 박사는 말했습니다. "모든 삶은 서로 연결되어 있습니다. 운명이라는 천 한 조각으로 우리 모두 함께 짜여 있는 것이죠."라고요.

 Words & Phrases

1   **Popularity** 인기
Golf has boomed in popularity during COVID-19.
코로나 19 기간 동안 골프의 인기가 급상승하고 있습니다.

2   **People you serve** 당신이 섬기는 사람들
This nonprofit group has regular check-in meetings to monitor how well they are meeting the needs of the people they serve.
이 비영리 단체는 그들이 봉사하는 사람들의 필요를 얼마나 잘 충족시키고 있는지 감시하기 위해 정기적인 점검 회의를 갖고 있습니다.

미친 사람들에게 바칩니다

애플

1997 "Think different" 광고

Because the people who are crazy enough to think they can change the world, are the ones who do.

왜냐하면 본인들이 세상을 바꿀 수 있다고 생각하는
충분히 미친 사람들이 진짜로 세상을 바꾸기 때문입니다.

본인이 설립한 애플에서 쫓겨났던 스티브 잡스는, 1997년 경영난에
허덕이는 애플의 SOS를 받고 다시 복귀를 하게 됩니다. 그가 애플 복
귀 후 가장 먼저 했던 일은, 목적 없이 진행되던 기존 업무와 기술들을
철폐하고 철저하게 고객 중심으로 회사를 운영하며 애플만의 정체성
을 되찾는 것이었다고 합니다. 'Think different' 마케팅 캠페인
은 애플의 정체성을 가장 잘 보여 주는 광고라고 평가받고 있
습니다. 다음은 'Think different' 광고 내용의 일부입니다.

1   Here's to the crazy ones – the misfits, the rebels, the troublemakers, the round pegs in the square holes, the ones who see things differently.

2   You can quote them, disagree with them, glorify or vilify them. But the only thing you can't do is ignore them because they change things.

3   They push the human race forward. And while some may see them as the crazy ones, we see genius.

4   Because the people who are crazy enough to think they can change the world, are the ones who do.

❶   미친 사람들에게 바칩니다. 부적응자들, 반항아들, 말썽꾸러기들, 네모난 구멍에 박힌 둥근 못들, 세상을 다르게 바라보는 사람들에게 바칩니다.

❷   당신은 그들을 인용할 수도, 반대할 수도, 찬양할 수도 혹은 비방할 수도 있습니다. 하지만 당신이 유일하게 할 수 없는 것은 그들을 무시하는 것이죠. 왜냐하면 그들이 세상을 바꾸기 때문입니다.

❸   그들은 인류를 전진시킵니다. 어떤 사람들은 그들을 가리켜 미쳤다고 할지 모르지만, 우리는 천재라고 하겠습니다.

❹   왜냐하면 본인들이 세상을 바꿀 수 있다고 생각하는 충분히 미친 사람들이 진짜로 세상을 바꾸기 때문입니다.

1   **Quote** 인용하다
He often quotes well-known sayings from philosophers.
그는 철학자들의 명언을 자주 인용한다.

2   **Vilify** 비난하다
People misunderstood the leader's intention and vilified him as a tyrant.
사람들은 지도자의 의도를 잘못 이해하고 그를 폭군이라고 비방했습니다.

3   **Human race** 인류
If global climate change continues, Earth will eventually be uninhabitable for the human race.
지구 기후 변화가 계속되면 지구는 결국 인류가 살 수 없게 될 것입니다.

사람들을 행복하게 하는 쉬운 방법

라이언 이스티스

강연

I'm pouring happiness into people's lives.

저는 사람들의 삶에
행복을 붓고 있어요.

만약 크리스마스 이브 날 우연히 들른 카페에서 릴리처럼 친절한 사람을 만나게 된다면, 누구나 감동받고 커피 한 잔 이상의 행복을 느끼게 될 것입니다. 타인에게 친절함을 베푸는 데는 생각보다 많은 에너지, 즉 비용이 드니까요. 특히 크리스마스 이브처럼 누구나 일하기 싫어하는 그런 날에는 더더욱 말이죠. 하지만 내 친절함과 밝은 미소 한 번으로 내 주위 사람들에게 행복을 부어 준다는 마음가짐을 가진다면 그 비용은 절대 비싸지 않은 것일지도 모릅니다.

1   It's Christmas Eve. I walked back. I said, "Excuse me, Lilly. What is your secret to making such meaningful connections over serving coffee?"

2   She said, "Ryan. I'm not serving coffee." "I'm pouring happiness into people's lives."

3   So she chooses even on Christmas Eve to smile, to have fun, to help people to just be happy.

4   When you decide to show up consistently as the best version of who you are, it gives you your best opportunity to meet people where they are.

❶ 크리스마스이브잖아요. 저는 다시 돌아가서 물었죠. "실례지만, 릴리 씨. 커피 한 잔을 전해 주면서 이렇게 의미 있는 관계들을 만들어 내는 비결이 무엇인가요?"

❷ 그녀가 말했죠. "라이언, 저는 단순히 커피를 제공해 주는 게 아니에요. 사람들의 삶에 행복을 붓고 있다고 생각해요."

❸ 그런 생각으로 그녀는 크리스마스 이브임에도 근무를 택했죠, 미소 짓고, 즐겁게 지내고, 사람들이 행복해지게 도울 수 있도록요.

❹ 만약 여러분들이 자신 최고의 모습을 일관되게 보여 주기로 마음먹는다면, 좋은 인연을 맺을 최고의 기회가 주어지게 되는 것입니다.

 Words & Phrases

1   **Consistently** 끊임없이, 일관되게
Although the senior official's corruption scandal was exposed, he consistently declined to make a public apology.
고위 공직자의 비리 스캔들이 폭로됐지만 그는 일관되게 공개 사과를 거부했다.

2   **Best version of~** 최고의 모습
In order to be the best version of myself, I'm trying to celebrate small wins and express gratitude every day.
저는 제 자신의 최고의 모습으로 성장하기 위해서 매일매일 작은 승리를 축하하고 감사한 마음을 표현하려 합니다.

기회를 탓하지 말고 노력을 탓하라

잭 마
2014 알리바바 뉴욕 증시 상장 인터뷰

If you don't keep on working every day, nobody has a chance.

하루도 빠짐없이 계속해서 해나가지 않는다면,
어느 누구에게도 기회는 없는 것입니다.

잭 마는 어린 시절 영어를 잘하고 싶다는 열정 하나로 매일 아침
호텔을 찾아가 처음 보는 외국인들과 무작정 대화를 하며 영어 실
력을 키웠습니다. 그렇게 대학생이 된 잭 마의 영어 실력은 영어
강사를 할 정도로 충분했었다고 합니다. 그의 이런 열정이 수
많은 실패를 딛고 일어날 수 있게 했는데, 실제로 그는 대
학교 입시도 3번, 취업도 30번 떨어지며 많은 실패를 겪었
지만, 포기하지 않고 세계적인 회사인 알리바바 그룹을 창
업하게 되었습니다.

1 Interviewer: What do you have to say to the people who thought you were crazy?

2 Jack Ma: I believed 15 years ago that the Internet is gonna change China, is going to improve the world.

3 Whether you believe or not, whether we will succeed or not, but somebody will succeed.

4 So if you don't work hard if you don't keep on working every day, nobody has a chance.

① 인터뷰어: 당신이 미쳤다고 생각한 사람들에게 어떤 이야기를 해 주고 싶으신가요?

② 잭 마: 저는 15년 전 인터넷이 중국을 변화시킬 것이고, 세상을 발전시킬 것이라고 믿었습니다.

③ 다른 사람들이 믿든 말든, 우리가 성공하든 그렇지 않든, 누군가는 성공할 것입니다.

④ 그렇기 때문에, 만약 정말 열심히 하지 않는다면, 하루도 빠짐없이 계속해서 해나가지 않는다면, 어느 누구에게도 기회는 없는 것입니다.

1 **Whether or not** 할지 안 할지, 어떻게 됐든
I'm debating whether (or not) to go to Korea this year.
올해 한국에 갈까 말까 고민 중입니다.

The fashion show will be proceeded whether or not it rains tomorrow.
내일 비가 와도 패션쇼는 진행될 것입니다.

2 **Keep on -ing** 계속 ~를 하다
Why do I feel like she keeps on gaslighting me?
그녀가 계속 저를 가스라이팅 하는 것 같은 느낌이 드는 이유는 무엇일까요?

미친 듯이, 과감하게

일론 머스크

2014 USC 졸업 연설

Work super hard,
do something bold.

미친 듯이 일하고,
과감하게 시도하라.

우주 탐사 기업 스페이스 X와 전기차 기업 테슬라를 창업하며 이 시대의 혁신가로 알려진 일론 머스크. 그는 USC 졸업 연설에 연사로 나서 5분 남짓 되는 시간 동안 짧고 굵은 메시지를 전했습니다. 네 가지의 메시지 중, "미친 듯이 일하고, 과감하게 도전하라"라는 첫 번째 메시지입니다. 남들과 똑같은 시간을 일해서는 절대 성공할 수 없으며, 나이가 들고 책임져야 할 것들이 많아지기 전에 과감하게 도전하라는 메시지는 그의 경영 철학을 엿볼 수 있습니다.

1   You need to work super hard.

2   Well, when my brother and I were starting our first company, instead of getting an apartment, we just rented a small office and we slept on the couch and we showered in the YMCA.

3   Now is the time to take risks. As you get older, your obligations start to increase. It gets harder to do things that might not work out.

4   So I would encourage you to take risks now, and to do something bold.

① 정말 열심히 일해야 합니다.

② 저희 형과 제가 회사를 처음 시작했을 때, 아파트를 구하는 대신에 작은 사무실을 빌렸고 소파에서 잠을 잤습니다. 샤워는 YMCA에 가서 했죠.

③ 지금은 위험을 감수하기 좋은 시기입니다. 나이가 들수록 의무가 늘어나기 마련이죠. 그 말은 실패할 것 같은 일을 시도하기 더 어려워진다는 뜻입니다.

④ 그러니 지금 기꺼이 위험을 감수하길 권합니다. 무언가를 과감하게 해 보세요.

 Words & Phrases

1   **Work hard**   열심히 일하다
When she started a new job in a different industry, she worked extra hard to quickly get used to the terms and trend of the field.
그녀는 다른 업계에서 새로운 일을 시작했을 때, 그 분야의 용어와 트렌드에 빨리 익숙해지기 위해 더 열심히 일했습니다.

2   **Take risk**   위험을 감수하다
I want to change my career path, but I feel like I'm not prepared to take the risk yet.
진로를 바꾸고 싶지만 아직 위험을 감수할 준비가 되지 않은 것 같습니다.

3   **Work out**   잘 풀리다; 답을 알아내다; 생각해 내다; 운동하다
I'm glad our plan worked out well!
우리 계획이 잘 풀려서 다행이야!

쓸모 있는 인생을 산다는 것

안젤리나 졸리
2013 오스카 진 허숄트 박애상 수상 소감

I will do the best I can with this life to be of use.

저는 이 삶에서 쓸모 있기 위해서
최선을 다할 것입니다.

'진 허숄트 박애상'은 오랜 시간 동안 영화 산업 전체에 공헌한 공적이 있는 인물에게 주는 상입니다. 안젤리나 졸리는 할리우드 대표 여전사로도 많이 알려져 있지만, 지난 10여 년간 유엔 난민기구의 친선대사로 활동하며 직접 50여 개국을 돌며 외교 및 봉사활동을 펼친 것으로도 유명합니다. 삶의 불평을 줄이고 감사하며 세상에 쓸모 있기 위해 최선을 다하는 마음가짐. 그것이 그녀가 말하는 'Be of use'가 아닐까 생각합니다.

1 I have never understood why some people are lucky enough to be born with the chance that I had, to have this path in life.

2 And why across the world there's a woman just like me, with the same abilities and the same desires, only she sits in a refugee camp. She worries about what her children will eat, how to keep them safe.

3 I don't know why this is my life and that's hers.

4 I don't understand that, but I will do as my mother asked, and I will do the best I can with this life to be of use.

❶ 왜 몇몇 사람들은 운이 좋게도 저처럼 기회를 가질 수 있도록 태어나 이와 같은 인생을 누리는 것인지 이해하기 어려웠습니다.

❷ 왜 지구 반대편에는 저와 꼭 닮은 여성이, 같은 능력과 같은 열망을 가졌음에도, 오직 난민 수용소에만 있어야 하는지. 그녀들은 오직 아이들을 먹일 걱정과 위험으로부터 지킬 걱정만을 하죠.

❸ 왜 저는 이런 인생을 살고, 그녀는 그런 인생을 사는지 모릅니다.

❹ 저는 이해할 수 없지만 그래도 어머니의 말씀을 실천하고자 합니다. 저는 이 삶에서 쓸모 있기 위해서 최선을 다할 것입니다.

 Words & Phrases

1 **Lucky enough to ~** 운 좋게 ~하다

I was lucky enough to get a job right after college.
저는 운이 좋게 대학을 졸업하고 바로 취직을 했습니다.

2 **Be of use** (~에게) 쓸모 있다; 유용하다

Most common French words and phrases in this book will be of use to anyone travelling France for the first time.
이 책에 있는 가장 일반적인 프랑스어 단어와 문구는 처음으로 프랑스를 여행하는 모든 사람에게 유용할 것입니다.

맘바 멘탈리티 (Mamba Mentality)

코비 브라이언트
2016 테드 인터뷰

The confidence comes from preparation.

자신감은
준비로부터 나오는 것입니다.

농구 황제 마이클 조던은 이렇게 말했습니다. "코비 브라이언트는 저만큼이나 쉼 없이 노력하는 지독한 저주에 걸린 선수입니다."라고 말이죠. 농구를 좋아하지 않으시는 분들도 코비 브라이언트라는 이름을 들어보신 적이 있으실 텐데요, 한번은 경기에서 카메라 플래시 때문에 슛을 실패하자, 6시간 동안 햇빛을 보면서 슛을 하는 연습을 했다는 일화가 있을 만큼, 그는 부단히도 노력하는 선수였습니다.

1 The confidence comes from preparation.

2 So when the game's on the line, I'm not asking myself to do something that I haven't done thousands of times before.

3 So in those moments if it looks like I'm ice-cold or not nervous, it's because I've done it thousands of times before, so it's one more time.

4 *The Mamba Mentality* simply means trying to be the best version of yourself. That's what the mentality means. It means every day you're trying to become better.

❶ 자신감은 준비로부터 나오는 것입니다.

❷ 그래서 실전 경기에 나설 때, 저는 스스로에게 하도록 강요하지 않습니다. 연습 때 수천 번 해 봤던 것이 아니라면 말이죠.

❸ 즉, 경기 중에 제가 냉정한 얼굴로 있거나 긴장하지 않은 것처럼 보인다면, 그건 연습 때 이미 수천 번을 해 봤기 때문입니다. 경기에서 한 번 더 하는 것일 뿐입니다.

❹ '맘바 정신'이라는 것은 자기 자신 최고의 모습이 되기 위해 노력하는 것이고 그것이 바로 제가 말하는 정신입니다. 더 나아지기 위해서 매일매일 쉬지 않고 노력한다는 뜻입니다.

1 **Come from** ～에서 나오다 (비롯되다/생산되다)

Much of the beef used in this restaurant comes from Australia.
이 레스토랑에서 사용하는 쇠고기의 대부분은 호주산입니다.

The public could sense that the actor's apology for his behavior came from his heart.
본인의 행동에 대한 배우의 사과가 마음에서 우러나온 것임을 대중은 느낄 수 있었다.

2 **ice-cold** 아주 차가운; 냉담한, 싸늘한

The interviewer's ice-cold stare made me more nervous.
면접관의 차가운 시선이 나를 더 긴장하게 만들었다.

Unit
028

꿈을 위한 여정 그 자체가 꿈이야

코비 브라이언트
2016 은퇴식 연설

That's the dream.
It's not the destination,
it's the journey.

그것이 바로 꿈이야.
꿈은 목적지가 아니라 여정 그 자체이니까.

코비 브라이언트가 은퇴식 현장에서 어린 두 딸에게 전했던
'꿈'에 대한 진심 어린 조언입니다. '목표에 도달해야지만
꿈을 이루는 것이 아니라, 목표에 도달하기 위한 모든 여정
자체가 꿈이다'라는 뜻인데, 저도 유튜브 채널 운영의 꿈
을 가지고 준비하면서 수많은 시행착오를 겪었습니다. 하
지만 그 시간들이 모두 저의 소중한 꿈이었고 무엇과도 바
꿀 수 없는 자산이 되었습니다.

1   Our daughters. You guys know that if you do the work, you work hard enough, dreams come true.

2   But hopefully what you get from tonight is understanding that those times when you get up early and you work hard, those times when you stay up late and you work hard,

3   those times when you don't feel like working, you're too tired, you don't want to push yourself, but you do it anyway,

4   that is actually the dream. That's the dream. It's not the destination, it's the journey.

❶   우리 딸들아. 너희가 노력하기만 하면, 충분히 노력하기만 한다면 꿈은 이루어지는 법이란다.

❷   하지만 바라건대 오늘 밤을 통해 너희들이 꼭 알았으면 하는 것은, 너희가 일찍 일어나서 열심히 하는 그 시간들, 늦게까지 남아서 열심히 하는 그 시간들,

❸   무언가 하고 싶지 않은 기분이 드는 날에도, 너무 피곤해서 스스로를 몰아붙이고 싶지 않은 날에도 어쨌든 간에 해 내는 그 시간들,

❹   그 시간들이 바로 너희들의 꿈인 거야. 그것이 바로 꿈이야. 꿈은 목적지가 아니라 여정 그 자체이니까.

 Words & Phrases

1   **Stay up late**   밤늦게까지 자지 않고 있다
I try not to stay up too late when I have work the next morning.
다음 날 아침에 일이 있을 때는 너무 늦게 자지 않으려고 노력합니다.

2   **Don't feel like**   그럴 기분이 아니다
I usually don't feel like going out in rainy days.
평소 비 오는 날에는 외출하고 싶은 기분이 들지 않아요.
I'm hungry but I don't feel like eating anything.
배는 고픈데 무엇을 먹을 기분이 아니에요.

저는 어느 누구도 비난하지 않습니다

덴젤 워싱턴
2019 AFI 평생 공로상 수상 소감

Because tomorrow is the first day of the rest of our lives.

왜냐하면 내일은 남은 인생의 첫 날이니까요.

마블의 '블랙 팬서' 역할을 연기한 배우 채드윅 보스만은 "덴젤 워싱턴이 없었다면 블랙 팬서도 없었다"라며 그를 치켜세웠습니다. 실제로 덴젤 워싱턴은 연기 공부를 하는 가난한 학생들에게 학비를 지원하여 공부를 마칠 수 있게 도왔는데, 그 학생들 중 한 명이 채드윅 보스만이었던 것이죠. 안타깝게도 채드윅 보스만은 이 연설을 마친 후 몇 달 지나지 않아 세상을 떠났습니다. 이처럼 우리에게는 얼마나 시간이 남았는지 모르기에 남은 날들을 소중히 여기며 살아가야 할 것입니다.

1   We were put here for a reason. God created man. And God
    intends for us to love all mankind.

2   And by being in a loving mood, caring for one another, that's our
    purpose for life. We should care for one another. And we should
    love one another.

3   Small minds discuss other people, gossip. Good minds discuss
    events. Great minds discuss ideas.

4   I blame no one. I look in the mirror. On the other side of it, what
    an opportunity we have. Because tomorrow is the first day of the
    rest of our lives.

❶ 우리가 이 세상에 온 것은 모두 이유가 있습니다. 하나님이 인간을 창조했고, 그가 원했
    던 것은 모든 인류가 서로 사랑하는 것입니다.

❷ 그리고 그런 사랑하는 마음가짐으로 서로를 보살펴야 합니다. 그것이 우리 인생의 목적
    입니다. 우리는 서로서로 보살펴야 합니다. 그리고 서로 사랑해야 합니다.

❸ 편협한 사람들은 다른 사람들의 '험담'을 합니다. 멋진 사람들은 '사건'에 대해 이야기하
    죠. 위대한 사람들은 '아이디어'에 대해 이야기합니다.

❹ 저는 누구도 비난하지 않습니다. 그저 거울을 볼 뿐입니다. 또 한편으로는 이 얼마나 좋
    은 기회입니까. 왜냐하면 내일은 남은 인생의 첫 날이니까요.

 Words & Phrases

1   **For a reason** 이유로
    Do you believe that everything happens for a reason?
    모든 일에 다 이유가 있다고 믿으시나요?

2   **Intend** 의도하다
    I never intended to hurt your feelings.
    저는 당신의 감정을 상하게 할 의도가 전혀 없었습니다.

    She left the country much earlier than she intended due to a visa issue.
    그녀는 비자 문제로 예정보다 훨씬 일찍 출국했습니다.

변화를 두려워하고 계십니까

피터 딘클리지
2012 베닝턴 대학교 졸업 연설

Show it. Do it.

바로 보여 주세요.
그냥 하세요.

피터 딘클리지는 신장 132cm인 미국의 왜소증 배우입니다. 왕좌의 게임에서 티리온 라니스터 역으로 우리에게 많이 알려진 그는 배우를 꿈꿨지만, 29세가 될 때까지 적성에 맞지 않는 일자리를 전전하며 배우의 커리어를 시작하지도 못했습니다. 우리도 무언가를 시작하기 전에 항상 망설입니다. 과연 지금이 적절한 타이밍인지, 시작할 준비가 된 것인지를 고민하면서 말이죠. 하지만 그의 말처럼 시도조차 못한 채로 기다리면 아무것도 이루어지지 않는 법입니다.

1 At 29, walking away from data processing, I was terrified. Maybe I was afraid of change. Are you?

2 Raise the rest of your life to meet you. Don't search for defining moments because they will never come.

3 Just try not to wait until like me, you're 29 before you find it. "Don't wait until they tell you you are ready. Get in there."

4 The world might say you are not allowed to yet. Please, don't even bother asking, don't bother telling the world you are ready. Show it. Do it.

① 29세였던 그때, 데이터 처리 회사를 그만두면서 저는 두려웠습니다. 어쩌면 저는 변화를 두려워하고 있었던 것일지도 모르겠습니다. 여러분들은 어떻습니까?

② 앞으로 남은 인생을 자신과 마주해 보세요. 결정적인 순간이 오기를 기다리지 마세요. 왜냐하면 그런 순간은 절대 오지 않거든요.

③ 저처럼 시도조차 못한 채로 기다리지는 마세요. 저처럼 29세가 되기 전에 찾으세요. 다른 사람들이 준비가 됐다고 말해 줄 때까지 기다리지 마세요. 그냥 뛰어드세요.

④ 세상은 여러분에게 준비가 부족하다고 말할 것입니다. 그딴 이야기들은 신경 쓰지 마세요. 세상에 당신이 준비됐다고 말할 필요도 없습니다. 바로 보여 주세요. 그냥 하세요.

1 **Defining moment** 결정적 순간

Her mom's sudden death due to a hate crime was one of her defining moments in life. She became a committed and passionate advocate for social and racial justice.

증오 범죄로 인한 어머니의 갑작스러운 죽음은 그녀의 인생에서 결정적인 순간 중 하나였습니다. 그녀는 사회 및 인종 정의의 헌신적이고 열정적인 지지자가 되었습니다.

2 **Don't bother** 신경 쓸 거 없다; 수고할 것 없다

Don't bother doing the dishes. I'll do it later after we finish eating dessert.

설거지 신경 안 쓰셔도 됩니다. 나중에 디저트 다 먹고 나서 할게요.

록키 스피릿

브루노 마스
2014 엘렌 쇼

I promise you, one day you're gonna have your moment to shine.

약속할게요, 언젠가 여러분들도
빛나는 순간을 맞이하게 될 거예요.

브루노 마스는 21세기를 대표하는 미국의 싱어송라이터 입니다. 데뷔 이후
그의 앨범은 연달아 히트했고 2014년 미국의 유명 토크 쇼인 엘렌 쇼에
초대됩니다. 엘렌과 이야기 중이던 그는 무언가 결심한 듯 젊은 뮤
지션 지망생들에게 메시지를 전하겠다고 이야기합니다. 그리고
영화 '록키'의 주제곡을 틀어 달라고 부탁하죠. 이후 그는 록키
주제곡에 맞춰 쉐도우 복싱을 하며 객석으로 난입해 콘서트를
방불케 하는 열광적인 분위기를 만들었고, 이는 미국 전역에서
큰 화제가 되었습니다.

1   Listen, any young aspiring musicians out there, if music is what you want to do, if music is what you love and your passion, it doesn't take a fragrance, it's not about the tabloids.

2   It's about you putting in the work, practicing every day, practicing your vocals, practicing your instrument, practicing song writing.

3   And I promise you, one day you're gonna have your moment to shine.

4   If you go out there and you sing, and you put your heart and soul into it, and you follow your dream, one day, you're gonna be sitting next to Ellen DeGeneres.

❶   잘 들으세요, 모든 어린 뮤지션 꿈나무 여러분, 만약 여러분들이 하고 싶은 것이 음악이고, 음악이 여러분들이 사랑하는 것이자 열정 그 자체라면, 특별한 향기는 필요 없습니다. 잡지 커버를 장식하는 것이 중요한 게 아니죠.

❷   중요한 것은 열심히 노력하고, 매일 연습하는 것, 노래를 연습하고 악기 연주를 연습하고 작곡을 연습하는 것입니다.

❸   그리고 약속할게요. 언젠가 여러분들도 빛나는 순간을 맞이하게 될 거예요.

❹   만약 여러분들이 세상에 나가서 노래하고 진심과 마음을 다해 꿈을 따라 가신다면, 언젠가 여러분들은 여기 엘렌 드제너러스 옆에 앉아 계실 겁니다.

1   **Aspiring** 장차 …가 되려는; 추세지향적인

An aspiring novelist always carried around small notepad with her, so that she can jot down any idea that pops into her mind.

소설가 지망생은 머릿속에 떠오르는 아이디어를 메모할 수 있도록 항상 작은 메모장을 가지고 다녔습니다.

2   **Shine** 빛나다

It's your turn to shine! Show them what you got!

당신이 빛날 차례예요! 당신이 가진 능력을 보여 주세요!

우리는 선택받은 사람들입니다

톰 행크스
2020 라이트 주립대 온라인 졸업 연설

You chosen ones.

여러분들은
선택받은 사람들입니다.

코로나 19로 인해 전 세계가 졸업식을 할 수 없었던 2020년, 배우 톰 행크스는 온라인 졸업식에 연사로 나서 메시지를 전했습니다. 학생들은 캠퍼스 생활을 누리지도 못한 채로 졸업했습니다. 기대했던 학교 생활과 다른 전례 없는 어려움을 맞이했고 또 그것을 극복하는 법을 배웠습니다. 우리 모두가 각자의 위치에서 어려움을 극복했습니다. 그렇기 때문에 불확실한 미래에 어떤 어려움이 닥치더라도 이를 정상화 시킬 수 있는 우리 모두는 선택받은 사람들입니다.

Key Expressions

1 You started in the olden times and the world back before the great pandemic of 2020.

2 You will talk of those earlier years in your lives just that way. "Well, that was back before the COVID-19."

3 But, no one will be more fresh to the task of restarting our measure of normalcy than you. You chosen ones.

4 The future is always uncertain. We are certain of one thing on this day. You will not let us down. Way to go.

① 여러분들은 지금 '이전의 삶'도 경험했죠, 바로 2020년 끔찍한 팬데믹 이전의 세상을요.

② 그 '이전의 삶'에 대해서 여러분들은 이렇게 말할 겁니다. "음, 그건 코로나 이전의 일이 잖아."

③ 하지만 어느 누구도 이 일을 잘할 수 없을 것입니다. 우리 모두의 정상화를 도와 다시 시작하는 일을 말이죠. 여러분들보다 말이죠. 다시 말해, 여러분들은 선택받은 사람들입니다.

④ 미래는 언제나 불확실합니다. 하지만 오늘 우리가 확신할 수 있는 한 가지는 여러분들이 우리를 실망시키지 않을 것이라는 겁니다. 파이팅입니다.

Words & Phrases

1 **Normalcy** 정상 상태

People are learning to cope with the "new normalcy" brought about by Covid-19 pandemic.

사람들은 코로나 19 팬데믹이 야기한 '새로운 보편적 현상'에 대처하는 법을 배우고 있습니다.

2 **Let (somebody) down** 기대를 저버리다; 실망시키다

I've never imagined someone as diligent and sincere as her could also let us down.

그녀만큼 부지런하고 성실한 사람도 우리를 실망시킬 줄은 상상도 못했습니다.

성공의 비결을 말씀드리겠습니다

비욘세
2020 온라인 졸업 연설 ①

Put in that work.

그저,
노력하는 것입니다.

비욘세는 대중 음악 역사상 최고의 여성 아티스트로 인정받습니다. 노래만 잘하는 것이 아니라, 안무, 퍼포먼스를 상당히 높은 수준으로 동시에 소화해 내는 것은 물론이고, 데뷔한 지 20년이 넘었는데도 불구하고 여전히 전성기의 기량을 유지하고 있기 때문인데요. 그런 그녀의 성공 비결은 무엇일까요? 그녀의 대답은 단순 명료했습니다.

1 You have arrived here in the middle of a global crisis. Maybe you did not follow the path that was expected of you, and you probably questioned everything about your decision.

2 But know that stepping out is the best thing you can do for self-discovery. I know how hard it is to step out and bet on yourself.

3 I'm often asked, "What's your secret to success?"

4 The shorter answer, "Put in that work."

❶ 여러분들은 지금 전 세계적인 위기 가운데에 서 있습니다. 어쩌면 기대했던 일들과 다른 길을 가고 계실지도 모릅니다. 그리고 여러분들이 내렸던 모든 결정에 대해 의문이 들었을 지도 모르죠.

❷ 하지만 밖으로 나오는 것이야 말로 자기 자신을 찾을 수 있는 가장 좋은 방법입니다. 계속 세상으로 나오고, 스스로를 믿는 것이 얼마나 힘든 것인 줄 저도 잘 알고 있습니다.

❸ 사람들이 종종 저에게 묻습니다. "당신의 성공의 비결이 무엇인가요?"

❹ 간단히 답하자면 "그저, 노력하는 것입니다."라고 하겠습니다.

 Words & Phrases

1 **Expect of** ∼에 기대하다

Good communication skills and strong work ethic are expected of anyone hired for an executive position.

경영진 위치에 고용된 모든 사람에게는 훌륭한 의사소통 기술과 강력한 직업 윤리 의식이 요구됩니다.

2 **Step out** (잠깐) 나가다; 물러나다, 중단하다

I stepped out to get some fresh air.

바람 좀 쐬고 싶어서 잠깐 나왔습니다.

The architect had to step out from this construction project due to health reasons.

건축가는 건강상의 이유로 이 건설 프로젝트에서 물러나야 했습니다.

저는 그래미상을 24번 수상했습니다

비욘세

2020 온라인 졸업 연설 ❷

But I've lost 46 times.

하지만 46번이나 떨어졌습니다.

그래미 어워드는 미국의 대중 음악 시상식으로, 1959년에 시작되어 2021년까지 총 63회의 시상식을 열었고, 지금까지 8,000개의 트로피가 수여됐을 정도로 유서 깊고 권위 있는 시상식입니다. 이런 그래미 어워드 역사에서 가장 많이 노미네이트되었던 가수는 바로 비욘세입니다. 현시대의 대중 음악을 대표하는 인물인 비욘세조차도 항상 성공하는 것은 아닙니다. 실패를 더 큰 승리를 위한 발판으로 활용할 뿐이죠.

1 There may be more failures than victories. Yes, I've been blessed to have 24 GRAMMYs, but I've lost 46 times.

2 That meant rejection 46 times.

3 Please don't ever feel entitled to win. Just keep working harder.

4 Losing can be the best motivator to get you even bigger wins. So never compare yourself to anyone else.

❶ 성공보다 실패를 더 많이 경험할 수도 있습니다. 네, 저는 운이 좋게도 그래미상을 24번 수상했습니다. 하지만 46번이나 떨어졌습니다.

❷ 그 말은 46번 거절당했다는 뜻이죠.

❸ 이길 자격이 있다고 자만하지 마세요. 그냥 부단히 더 노력하세요.

❹ 실패는 더 큰 승리를 위한 발판이 되는 최고의 동기 부여가 될 수 있습니다. 그러니 절대 자기 자신과 다른 사람과 비교하지 마세요.

1 **be blessed** 행운을 누리다

I am so blessed to have such wonderful friends and supportive family.
이렇게 멋진 친구들과 든든한 가족이 있어서 너무 행복합니다.

2 **be entitled to** ~에 대한 권리가/자격이 주어지다

Employees of the sportwear company are entitled to 40% discount.
스포츠웨어 회사 직원은 40% 할인을 받을 자격이 주어집니다.

An American politician Daniel Patrick Moynihan said "Everyone is entitled to his own opinion, but not his own facts"
미국 정치인 다니엘 패트릭 모이니한은 "모든 사람이 저마다의 의견을 가질 권리가 있는 것이지 저마다의 사실을 가질 권리가 있는 것은 아니다"라고 말했습니다.

주변의 부정적인 시선을 이기는 법

비욘세

2020 온라인 졸업 연설 ❸

Now is the time to turn those criticisms into fuel and motivation.

그런 비판적인 시선들을
여러분들의 연료와 동기 부여로 사용할 때입니다.

저도 유튜브를 시작할 때 주변 사람들로부터 이런 이야기를 들었던 적이 있습니다. "너무 늦은 거 아니야?", "무리하지 말고 적당히 해". 하지만 지금 생각해 보면 주변의 우려 섞인 목소리는 오히려 저를 더 동기 부여 시켰고 꼭 성공하고 말겠다는 각오를 다지게 했던 것 같습니다. 여러분들도 무슨 일을 하든지 간에 주변 사람들의 부정적인 시선을 신경 쓰지 마세요. 비욘세의 말처럼 여러분 스스로를 돋보이게 하고, 아름답고 강한 존재가 되는 것에만 집중하세요.

1   Make them see you. Now, if you've ever been called dumb, unattractive, overweight, unworthy, untalented, well, so have I.

2   Whatever you do, don't let negativity of people projecting their own self-doubts on you deter you from your focus.

3   I know those moments are painful, and you're human and it hurts like hell,

4   but now is the time to turn those criticisms into fuel and motivation to become a beautiful beast.

❶ 여러분들을 돋보이게 하세요. 여러분들이 아무리 멍청하다는 말을 듣고, 매력 없고, 과체중이고, 가치 없고, 재능 없다는 말을 들었더라도 말이죠. 저도 그랬으니까요.

❷ 무엇을 하든지 간에 당신에 대한 다른 사람들의 본인 스스로의 의구심을 투영시킨 부정적인 시선이 당신의 집중력을 흐리지 않게 하세요.

❸ 그 순간들이 고통스럽다는 것을 잘 압니다. 그리고 당신은 인간이기 때문에 고통스러울 수밖에 없죠.

❹ 하지만 바로 지금이 비판적인 시선들을 연료와 동기 부여로 사용할 때입니다. 여러분들이 아름답고 강한 존재가 되기 위해서 말이죠.

 Words & Phrases

1   **Project** 보여 주다; 나타내다
    The applicant sat up straight and put a smile on his face to project his confidence during the job interview.
    면접에서 지원자는 자세를 똑바로 하고 앉아 얼굴에 미소를 띠며 자신감을 드러냈다.

2   **Deter** 단념시키다; 그만두다
    Criticism from his peers could not deter him from following his dream of becoming a movie director.
    동료들의 비판은 그가 영화감독이 되려는 꿈을 좇는 것을 막을 수 없었습니다.

57살 차이를 극복한 인생 친구

숀 & 고데즈
57살 차이 인터뷰

You don't have to be rich to be happy.

행복해지기 위해서
부자가 될 필요는 없단다.

:

어린이 숀과 중년의 고데즈 씨는 서로 나이 차가 57살이나 나지만 서로의 인생에 대해 솔직하게 이야기합니다. 숀은 고데즈 씨의 인생 이야기를 듣고 눈시울을 붉히기도 하고 고데즈 씨는 어린 숀에게 진지한 조언을 해 주기도 합니다. 저는 고데즈 씨의 멋진 조언만큼이나 숀의 조언도 와닿습니다. "Act normal (평범하게 행동하고), Don't be silly (바보처럼 굴지 말고), Don'y bully lots of people (사람들을 괴롭히지 마세요)."

1   Gordez: Well, the advice I would give to you, Shawn, You don't
    have to be rich to be happy. Do the things you like to, and that
    makes you feel good. Because when you're happy yourself,
    everybody else is happy.

2   Shawn: To like, act normal. Don't be silly. Don't bully lots of people.

3   Gordez: That's good advice. And be yourself. Don't let other people
    tell you what you should be. Just be as you are, isn't that true?

4   Shawn: Yeah
    Gordez: And, I'm sure your life is going to be very successful.

❶   고데즈: 음, 내가 네게 해 주고 싶은 조언은 말이야 숀, 행복해지기 위해서 꼭 부자가 될
    필요는 없단다. 네가 좋아하는 것을 하면, 그게 너를 행복하게 만들어 줄 거야. 왜냐하면
    스스로가 행복할 때 다른 사람들도 행복해지는 법이거든.

❷   숀: 음, 평범하게 행동하세요. 바보같이 굴지 마세요. 사람들을 괴롭히지 마세요.

❸   고데즈: 좋은 조언이구나. 그리고 네 자신이 되어야 해. 다른 사람들이 네가 무엇인가 되
    어야 한다고 하더라도 그냥 네 자신이 되는 거야. 사실이지 않니?

❹   숀: 네.
    고데즈: 나는 네 인생이 매우 성공적일 것이라고 믿는단다.

 Words & Phrases

1   **Make you feel good**   기분을 좋게 만들다
    What kind of music makes you feel good?
    어떤 종류의 음악이 당신의 기분을 좋게 하나요?

2   **Be yourself**   너답게 행동해
    Being yourself will make you happier and be more confident at work.
    있는 그대로의 자신을 드러낸다면 직장에서 더 행복해지고 자신감이 생길 것입니다.

하이라이트는 그만 보세요

테일러 스위프트
2015 런던 콘서트 연설 ❶

You are not somebody else's opinion of you.

여러분은 다른 사람들의 의견으로
만들어지지 않습니다.

테일러 스위프트는 미국 여성 싱어송라이터입니다. 그녀가 전 세계
적으로 인기를 끌고 있는 이유는 모든 곡을 본인이 작사 작곡하는
싱어송라이터로서의 천재적인 음악성 때문이기도 하지만, 콘
서트에서 보여 준 연설처럼 팬들의 내면을 어루만져 주는
그녀만의 감성 때문이기도 합니다. 테일러 스위프트는 자
신이 화려한 스포트라이트를 받고 있는 사람 중 한 명이면
서도, 되려 팬들에게 다른 사람의 하이라이트가 아닌 본인
의 하이라이트를 보는 것이 중요하다고 이야기합니다.

1 Every day we go online and we scroll through the highlight reel of other people's awesome lives.

2 But we don't see the highlight reel of our awesome lives – all we see is the behind the scenes of our lives.

3 You are the only one who is inside your brain feeling all of your anxieties.

4 You are not somebody else's opinion of you. You are not going nowhere just because you're not where you want to be yet.

❶ 매일 우리는 온라인 상에서 다른 사람들의 멋진 인생 하이라이트를 스크롤합니다.

❷ 하지만 정작 우리 자신의 멋진 인생 하이라이트는 보지 못합니다. 우리가 보는 것은 인생의 비하인드 씬 뿐이죠.

❸ 스스로의 내면을 볼 수 있는 유일한 사람은 나 자신이에요. 내면의 모든 불안한 목소리를 듣죠.

❹ 여러분은 다른 사람의 의견으로 만들어지지 않습니다. 여러분이 원하는 곳에 있지 않다고 해서 아무 곳도 가지 않은 것이 아닙니다.

 Words & Phrases

1 **Go online** 온라인에 접속하다

Many parents worry at what age they should allow their kids to go online.

많은 부모들은 자녀를 몇 살 때부터 인터넷에 접속할 수 있도록 허용해야 하는지 고민합니다.

2 **Scroll through** 스크롤하다

Instead of having to scroll through the whole text, you can simply press Ctrl+F button to search for a particular word you are looking for.

전체 텍스트를 스크롤 하는 대신 Ctrl+F 버튼을 눌러 찾으려 하는 특정 단어를 검색할 수 있습니다.

3 **Behind the scenes** 비밀의, 배후의, 무대 뒤의

I appreciated how this internship gave me an opportunity to see how the movies are made behind the scenes.

이 인턴십을 통해서 제작 현장에서 영화가 어떻게 만들어지는지 볼 수 있는 기회가 주어져서 감사했습니다.

폭풍우는 당신을 망가뜨리지 않습니다

테일러 스위프트

2015 런던 콘서트 연설 ❷

It makes you clean.

그저
깨끗하게 할 뿐이죠.

한 번은 스스로 목숨을 끊으려 했던 팬에게 테일러 스위프트가 직접 써 준 편지가 화제가 되기도 했습니다. 편지의 내용은 다음과 같습니다. (1) 절대 나 자신을 다른 사람과 비교하지 말기. (2) 지금을 살기. 너무 먼 미래를 보지도, 과거에 얽매이지도 말기. (3) 괜찮지 않아도 괜찮아. (4) 테일러에게는 내가 필요하다. 그러므로 나는 나를 소중히 할 것이다. 팬들을 향한 그녀의 따뜻한 모습들은 그녀의 팬들이 왜 충성도가 높은지 알 수 있게 해 줍니다.

1   I realize that it's not about being perfect, it's not about feeling perfect. I think that sometimes it's just about getting on with things.

2   I just want you to know that one thing I have learned in 25 years, and I'm still learning, is that

3   if you get rained on, you walk through a bunch of storms, life is constantly coming at you that doesn't make you damaged.

4   It makes you clean.

① 삶이란 완벽해지는 것에 대한 문제도, 완벽한 기분을 느끼는 것에 대한 문제도 아니라는 것을 깨달았습니다. 가끔 삶이란 '그냥 헤쳐 나가 보는 것'이라는 생각을 해요.

② 여러분들이 이 한 가지를 꼭 아셨으면 합니다. 제가 25년 인생을 살면서 배운 것이고, 계속 배우고 있는 것입니다. 그건 바로,

③ 여러분들이 비를 맞으며 몰아치는 폭풍우 속을 헤쳐 나가고, 삶이 끊임없이 여러분에게 다가오더라도 그 폭풍우는 여러분들을 망가뜨리지 않습니다.

④ 그저 깨끗하게 할 뿐이죠.

1   **It's not about ~**   ~가 문제가 아니다

There is a famous saying that goes "Life is not about the destination. It's about the journey."

"삶에서 중요한 것은 목적지가 아니라 목적지에 이르는 여정이다"라는 명언이 있다.

2   **Come at (somebody/something)**   ~에게 덤벼들다; (문제에) 접근하다

I freaked out when a stranger came at me out of nowhere asking for money.

낯선 사람이 갑자기 나에게 달려와 돈을 요구했을 때 저는 질겁했습니다.

Although the questions kept coming at the actor, he made his position clear with confidence.

배우에게 질문 공세가 쏟아졌지만 그는 자신 있게 자신의 입장을 밝혔습니다.

얼마나 쓰러지는지의 문제가 아니라

레이디 가가
2019 오스카 시상식

It's about
how many times
you stand up.

얼마나 많이 일어날 수 있는지의 문제입니다.

팝 음악사 역대 가장 충격적이고 센세이셔널한 팝 아티스트로 불리는 레이디 가가는 12개의 그래미상을 보유하고 있는 천재 가수입니다. 또한 그녀는 2019년 영화 〈스타이즈 본〉을 통해 오스카 상 영화 음악 부문 수상을 하게 되는데요. 이미 최고의 팝 아이콘인 그녀가 영화에 출연해 연기에 도전하고 또 영화 음악상을 탈 수 있었던 비결은 무엇이었을까요? 그녀는 이 모든 것이 노력의 결과였다고 이야기합니다. 이기기 위한 노력이 아닌 포기하지 않기 위한 노력 말이죠.

1 All I have to say is that this is hard work. I've worked hard for a long time, it's not about winning. But what it's about is not giving up.

2 If you have a dream, fight for it. There's a discipline for passion.

3 And it's not about how many times you get rejected or you fall down or you're beaten up.

4 It's about how many times you stand up and are brave and you keep on going.

❶ 이 모든 것은 노력의 결과라고 말씀드리고 싶습니다. 저는 정말 오랜 시간을 노력해 왔습니다. 이기기 위해서가 아니었습니다. 그보다는 포기하지 않기 위해서였죠.

❷ 만약 꿈이 있으시다면, 그 꿈을 위해 싸우세요. 열정에도 훈련이 필요한 법입니다.

❸ 그것은 얼마나 많이 거절당하는지 혹은 얼마나 많이 맞고 또 쓰러지는지의 문제가 아닙니다.

❹ 꿈을 위해 싸운다는 것은, 얼마나 많이 다시 일어날 수 있는지 또 용감하게 계속 나아갈 수 있는지의 문제입니다.

1 **Fight for ~** 얻기 위해 싸우다/물러서지 않다

People often say if you are in love with someone, then you got to fight for that person.

사람들은 흔히 누군가를 사랑한다면 그 사람을 위해 싸워야 한다고 말합니다.

2 **Get beaten up** 얻어맞다

Since the day she got beaten up badly by a stranger on a subway, she's been afraid to leave the house.

지하철에서 낯선 사람에게 심하게 두들겨 맞은 날 후부터 그녀는 집을 나서기를 두려워합니다.

3 **Keep (on) going** 계속 나아가다

It is important to keep on going even during tough times, but it is as important to check in on your mental health.

힘든 시기에 꾸준히 하는 것도 중요하지만 본인 정신 건강을 체크하는 것도 그만큼 중요합니다.

89

별종이라는 소리를 듣는다면

그라함 무어
2015 오스카 최우수 각본상 수상 소감

Stay weird.
Stay different.

계속 별난 채로 있어 주세요.
남들과 다른 채로 있어 주세요.

그라함 무어는 미국의 시나리오 작가이며, 영화 〈이미테이션 게임〉 각본을 성공적으로 완성해 오스카 최우수 각본상을 수상했습니다. 멋진 이야기를 만들어 내는 그의 성공 뒤에는 많은 어려움이 있었습니다. 바로 남들과 다른 생각을 가지고 있다는 이유로 받았던 무수한 비난들이었죠. 별종이라는 소리를 듣던 어린 시절 스스로 목숨을 끊을 생각을 했을 만큼 힘들어 했지만, 지금은 자신과 같은 별종들에게 이렇게 이야기합니다. "계속 별종인 채로 있어 달라고" 말이죠.

1 When I was 16 years old, I tried to kill myself because I felt weird and I felt different and I felt like I did not belong.

2 And now I'm standing here and, so, I would like for this moment to be for that kid out there who feels like she's weird or she's different or she doesn't fit in anywhere.

3 Yes, you do. I promise you do. You do. Stay weird. Stay different.

4 And then when it's your turn and you are standing on this stage, please pass the same message to the next person who comes along.

❶ 저는 16살 때 스스로 목숨을 끊으려고 했습니다. 왜냐하면 제가 별종 같고 남들과 다르다고 느껴졌고 어디에도 속하지 못한다고 느꼈기 때문이죠.

❷ 그리고 저는 지금 이 자리에 서 있습니다. 그리고 이 순간을 "넌 별종이야", "넌 남들과 달라", "넌 어디에도 속하지 못해"라는 감정을 느끼는 아이들에게 바치고 싶습니다.

❸ 맞아요, 사실입니다. 장담컨대 앞으로도 계속 들으실 겁니다. 계속 별난 채로 있어 주세요. 남들과 다른 채로 있어 주세요.

❹ 그리고 마침내 여러분들의 차례가 되어 이 자리에 서는 날이 왔을 때, 같은 메시지를 전해 주시기 바랍니다. 다음 세대의 아이들에게 말이죠.

Words & Phrases

1 **Out there** 그곳에

Is there anybody out there?
거기 아무도 없나요?

If you are trying to find investors, you can't just sit down and wait for the opportunities to come. You have to get out there and pitch your business ideas with confidence.
투자자를 찾고 있다면 가만히 앉아서 기회가 오기만을 기다릴 수는 없습니다. 자신감을 갖고 그곳에 가서 사업 아이디어를 제시해야 합니다.

2 **Fit in** 어울리다. 시간을 내어 만들다; 들어갈 공간을 만들다

The company is looking for a new office space because after it hired more people, there no longer is a meeting room where everyone can fit in.
회사는 더 많은 사람들을 고용한 후 모든 사람이 있을 수 있는 회의실이 더 이상 없다 보니 새로운 사무실 공간을 찾고 있습니다.

별종과 혁신가의 차이

저스틴 팀버레이크
2015 IMA 혁신가상 수상 소감

Stay foolish, stay hungry.
Dream, work hard.

우직함을 잃지 마시고, 끊임없이 갈망하세요.
꿈을 꾸고, 노력하세요.

저스틴 팀버레이크는 미국의 아이돌 출신 가수이자 배우로
2000년대에 가장 성공한 아티스트 중 한 명으로 평가받습니
다. 그런 그도 어린 시절 남들과 다르다는 이유로 별종이라는
말을 들었다고 하죠. 하지만, 남들과 다르다는 것은 다른 말로 하
면 남들과 차이를 만들어 낼 수 있다는 뜻입니다. 그리고 그 차이
가 어쩌면 혁신의 시작일지도 모릅니다. 저스틴 팀버레이크가 그
랬던 것처럼 말이죠.

1 Like I used to be, you're being called weird or you're being called different or whatever the hell you're being called,

2 I'm here tonight to tell you, your critics do not count. Their words will fade. You won't.

3 Stay foolish, stay hungry. Dream, work hard.

4 And who knows, maybe someday you'll find yourself standing on a stage and maybe someday somebody will be giving you an award calling you an innovator.

❶ 제가 그랬던 것처럼 별종이라는 소리를 듣거나 혹은 남들과 다르다는 소리를 듣거나 다른 어떤 이름으로 불려지든 간에,

❷ 저는 오늘 이 말을 하기 위해 여기 서 있습니다. 비평가들의 말은 중요하지 않습니다. 그들의 말은 희미해질 것입니다. 여러분들은 그렇지 않죠.

❸ 우직함을 잃지 마시고, 끊임없이 갈망하세요. 꿈을 꾸고, 노력하세요.

❹ 누가 압니까. 어쩌면 언젠가, 무대에 서 있는 여러분 스스로를 발견하게 될지도, 아니면 언젠가 누군가가 이런 상을 줄 지도 모릅니다. 당신을 혁신가라고 부르면서 말이죠.

 Words & Phrases

1 **Used to be** 예전에

My laptop is not as fast as it used to be.
제 노트북은 예전만큼 빠르지 않습니다.

I used to be very pessimistic, but I'm now using more positive words and feeling more grateful.
저는 예전에는 굉장히 비관적이었는데 지금은 긍정적인 단어를 더 많이 사용하고 감사한 마음을 더 갖게 되었습니다.

2 **Do not count** 계산에 넣지 않다, 중요하지 않다

Do not count your chickens before they hatch.
김칫국부터 마시지 마라.

This goal unfortunately doesn't count since it was a practice game.
이 골은 아쉽게도 연습 경기라 카운트되지 않습니다.

93

열심히 운동하고 훈련하다 보면

티에리 앙리
2018 구글 인터뷰

The rest
will take care of itself.

남은 일은 어떻게든
알아서 잘될 거야.

프랑스의 전설적인 축구 선수인 티에리 앙리는 큰 꿈을 가졌었냐는 질문에 큰 꿈을 특정해 스스로를 압박하는 대신, 열심히 하다 보면 자연히 어떤 목표에 도달해 있을 것이라고 믿었다고 답했습니다. 너무 먼 미래의 목표를 꿈으로 설정하게 되면 현실적으로 와닿지 않아 공허한 기분이 들 때가 있습니다. 하지만 그저 현재에 충실한다면 그 노력이 결코 배신하지 않을 것이라고 믿는다면 어느 순간 성장해 있는 자신을 발견하게 되지 않을까요?

1 Interviewer: Did you dream big?

2 Thierry: I didn't think about that. I never put myself in this type of situation.

3 I always said to myself: "The rest will take care of itself." Work hard, try to add tools in your game and whatever happens will happen.

4 I never thought I was going to do what I did. And I think it's good also, because you need to do something up in the air sometime. You can't always guess what's going to happen.

❶ 인터뷰어: 큰 꿈을 꾸셨나요?

❷ 티에리: 저는 그러지 않았던 것 같습니다. 저를 그런 압박 받는 상황에 두지 않았죠.

❸ 저는 저에게 항상 이렇게 말했죠. "남은 일은 어떻게든 알아서 잘될 거야", "열심히 운동하고, 경기에 쓸 기술을 익히고, 그러면 어떤 일이든 벌어지겠지."

❹ 저는 제가 이룬 업적을 이룰 것이라고 생각해 보지 못했습니다. 그리고 그 편이 더 나은 것 같아요. 왜냐하면 가끔은 막연해 보이는 일을 하는 것도 필요하기 때문이죠. 무슨 일이 일어날지 항상 예측할 수는 없으니까요.

1 **Take care of itself** 자연스럽게 해결되다
Tomorrow will take care of itself. You should get some good sleep first!
내일 일은 내일 생각하세요. 먼저 숙면을 취해야 합니다!

2 **Up in the air** 정해지지 않은; 공중에 떠 있는
We decided on the date to travel, but our plans are still up in the air.
여행 날짜는 정했지만, 계획은 아직 미정입니다.

The company's return-to-office-date is still up in the air due to worsening pandemic situation.
팬데믹 상황 악화로 인해 회사의 복귀 날짜는 여전히 미정입니다.

세계 말하기 대회 우승자의 연설

대나자야 헤티아라치
2014 세계 말하기 경연대회

I see something in you.

네 안에
무언가 특별한 것이 보여.

World Champion of Public Speaking이라는 말하기 경연대회는
TOASTMASTERS라는 단체에서 1년에 한 번 개최합니다.
이곳에서 전 세계의 스피치 달인들이 스피치 진검 승부를
펼칩니다. 본문의 연설문은 2014년에 이 경연대회에서
우승한 대나자야의 스피치 일부입니다. 유튜브 영상을 통
해 그의 영감 넘치는 말하기를 확인해 보세요.

1 I've been broken, lost, and broke many times in my life. But the people in my life were able to reach into the trash can and make me whole again.

2 My dad took me to meet one of his friends called Sam. And he said, "Son, I see something in you. But I don't know what it is."

3 Do you know what makes you special? Now the answer to that can be a little difficult to find.

4 But, Ladies and Gentlemen, when I look at you, I see something in you. But I don't know what it is.

❶ 저는 망가졌었고, 길을 잃었었고, 인생에서 수없이 무너졌었습니다. 하지만 제 주변 사람들이 쓰레기통으로 손을 뻗어 저를 다시 온전한 모습으로 돌려놓았죠.

❷ 아버지는 그의 친구인 샘 아저씨께 저를 데리고 가셨습니다. 아저씨는 말씀하셨죠, "얘야, 네 안에 무언가가 보여. 그런데 그게 무엇인지는 잘 모르겠구나."

❸ 무엇이 당신을 특별하게 만드는 줄 아십니까? 지금은 이 질문에 대한 답을 찾기가 조금 어려울 수도 있습니다.

❹ 하지만 신사 숙녀 여러분, 제가 여러분들을 볼 때, 여러분들 안에 무언가 특별한 것이 보입니다. 하지만 무엇인지는 잘 모르겠군요.

 Words & Phrases

1 **Make (someone) [feel] whole** 온전하거나 건강한 상태로 회복시키다
It is important to figure out what makes us feel whole. For example, do you need more time to exercise, travel, or hang out with your friends and family?
무엇이 우리를 온전하다고 느끼게 만드는지 알아내는 것이 중요합니다. 예를 들어, 운동, 여행, 친구와 가족과 어울리는 데 더 많은 시간이 필요하신가요?

2 **Make (someone) special** 특별하게 만든다
An American musician Pharrell Williams said, "That which makes you different is actually the thing that makes you special."
미국 음악가 패럴 윌리엄스는 "남들과 다른 점이 바로 당신을 특별하게 만드는 것"이라고 말했습니다.

50세 생일 기념 헬기 번지점프하기

월 스미스
번지점프 인터뷰

Don't hesitate.
Go.

망설이지 말고
가세요.

50세 생일을 맞은 미국 배우 월 스미스는 그랜드 캐년에서 목숨을 건 헬기 번지점프를 시도했습니다. 액션 영화를 방불케 아찔한 점프 장면은 유튜브를 통해 생방송되었으며, 지켜보던 사람들의 큰 환호를 받았습니다. 생일 기념으로 헬기에서 뛰어내린 월 스미스는 이 도전을 통해 어떤 메시지를 전하고자 했을까요?

1   Life is hard, right? Like, yeah you might get hurt. You know. Your heart might get broken. It's like, you might lose your job.

2   But you've still got to commit. You've got to commit. You know what I mean?

3   Don't hesitate. Go. Commit! You've got to commit.

4   You might get hurt. You might lose something, but it's like you can't experience the joy that is intended for you in life, if you don't go. You've got to go, man. And you went. Yeah.

❶   인생은 쉽지 않습니다. 그렇죠? 맞아요, 아픔을 겪을 수도 있죠. 어쩌면 마음이 찢어질 수도 있어요. 어쩌면 직장을 잃을 수도 있죠.

❷   하지만 계속해서 밀고 나가셔야 합니다. 밀고 나가셔야 한다고요. 무슨 말인지 아시겠죠?

❸   망설이지 마세요. 가세요. 전념하세요. 전념하셔야 합니다.

❹   상처받을 수도 있습니다. 무언가를 잃을 수도 있습니다. 하지만 만약 앞으로 가지 않으신다면, 여러분 삶에 준비된 기쁨을 느끼실 수 없을지도 모릅니다. 계속 앞으로 가야 합니다.

1   **Commit** 저지르다, (엄숙히) 약속하다, 전념하다, 의사를 밝히다
Why is it so difficult to commit to my goals and get things done?
내 목표에 전념하고 일을 끝내는 건 왜 이렇게 어려울까요?

Unfortunately, many doctors commit suicide every year due to physical and emotional exhaustion from rigorous work schedule.
불행히도 매년 많은 의사들이 빡빡한 근무 일정으로 인한 육체적, 정신적 피로로 인하여 스스로 목숨을 끊습니다.

2   **Intended for** ~을 위해 의도된
Users can utilize these open-source datasets for their projects only if they are intended for non-commercial use.
사용자는 이 오픈 소스 데이터 세트를 비상업적인 용도인 프로젝트에만 활용할 수 있습니다.

This class is intended for beginners.
이 수업은 초보자들 대상으로 진행됩니다.

오늘도 실패하셨습니까?

월 스미스

영감 충전 메시지 - 인스타그램 ❶

You got to live where you're almost certain you're gonna fail.

여러분들이 실패할 것이
분명한 환경에서 살아가세요.

월 스미스의 실패에 대한 메시지는 강력합니다. '실패를 두려워하지 마세요'를 넘어서 '실패할 것이 분명한 환경에서 살아가세요'라고 이야기합니다. 천 번의 실패 후 전구를 발명했던 에디슨의 이야기를 비롯해 성공한 많은 사람들은 수많은 실패를 했다는 것을 우리 모두 잘 알고 있죠. 그렇다면 우리는 지금 실패할 것이 분명한 환경 속에서 살아가며 실패를 받아들일 준비가 되었는지 다시 한번 되돌아볼 때입니다.

1 Failure is a massive part of being able to be successful. You have to get comfortable with failure.

2 Successful people fail a lot. They fail a whole lot more than they succeed.

3 But they extract the lessons from the failure and they use that, the energy and they use the wisdom to come around to the next phase of success.

4 You got to take a shot. You got to live where you're almost certain you're gonna fail.

① 실패는 성공에 있어서 어마어마한 부분을 차지합니다. 여러분들은 실패를 편안하게 받아들여야 합니다.

② 성공한 사람들은 엄청나게 많이 실패합니다. 성공에 비해서 훨씬 더 많이 실패하죠.

③ 하지만 그들은 실패로부터 교훈을 얻어냅니다. 그리고 실패부터 얻어낸 그 가르침과 에너지, 그리고 지혜를 성공의 다음 단계로 나아가기 위해 활용하죠.

④ 여러분들은 시도해야만 합니다. 여러분들이 실패할 것이 분명한 환경에서 살아가세요.

 Words & Phrases

1 **Extract** 얻다; 발췌하다; 뽑다
Data Scientists need to know not only how to collect and clean data, but also how to interpret and extract meaning from data.
데이터 과학자는 데이터를 수집하고 정리하는 방법뿐만 아니라 데이터를 해석하고 의미를 추출하는 방법도 알아야 합니다.

2 **Take a shot** 시도해 보다; 겨누어 쏘다
I haven't tried surfing before, but I'm planning to take a shot this summer.
나는 전에 서핑을 해 본 적은 없지만 이번 여름에 한번 도전해 볼 생각입니다.

Unit 046

연습은 통제된 실패입니다

윌 스미스

영감 충전 메시지 - 인스타그램 ❷

So, fail early,
fail often,
fail forward.

그러니 일찍 실패하고, 자주 실패하고,
실패로부터 나아가세요.

윌 스미스는 성공과 실패는 마치 운동하는 것과 같다고 말합니다. 운동을 처음 하는 사람이 무거운 무게를 들어 올릴 수 없는 것은 당연한 일이지만, 통제된 실패, 즉 연습을 통해 한계를 계속 늘려가다 보면 어느 순간 무거운 무게를 들 수 있게 되죠. 그러니 실패를 반복하지 않고서는 도저히 성공할 수 없습니다. 다른 말로 하면 실패를 일찍, 자주, 반복해야만 성공에 빨리 도달할 수 있다는 말이 되겠죠.

102

1 Practice is controlled failure. You're getting to your limit, getting to your limit, getting to your limit.

2 You can't lift that. You can't do that, until you get to the point that all of a sudden your body makes the adjustment and then you can do it.

3 Failure actually helps you to recognize the areas where you need to evolve.

4 So, fail early, fail often, fail forward.

❶ 연습은 통제된 실패입니다. 한계까지 도달하고, 또 도달하고, 다시 도달하기 위함이죠.

❷ 여러분들은 들어 올리지 못할 것이고, 계속 실패할 것입니다. 그 순간이 오기 전까지는 말이죠. 그러다가 여러분 몸이 적응을 하는 어느 순간이 오면 비로소 성공할 수 있습니다.

❸ 실패는 실제로 발전이 필요한 부분을 인식하는 데 도움이 됩니다.

❹ 그러니 일찍 실패하고, 자주 실패하고, 실패로부터 나아가세요.

 Words & Phrases

1 **To the limit** 할 수 있는 데까지 최대한 해 보다
If you get too comfortable all the time and don't push yourself to your limits, you might never grow or realize your true potential.
항상 너무 편안함을 추구하고 자신의 한계까지 밀어붙이지 않는다면, 당신은 결코 성장하거나 당신의 진정한 잠재력을 깨닫지 못할 수도 있습니다.

Reach your limit.
더 이상 감당할 수 없는 지경에 이르다.

Push past your limit. / Push beyond your limits. / Go over your limit.
자신의 한계를 넘어서다.

2 **get to the point where** ~단계에 도달하다; ~하는 상황에 이르다
I got so mad at my teammate that it got to the point where my whole body was shaking.
저는 팀원에게 너무 화가 나서 온몸이 떨릴 정도였습니다.

당신과 같이 러닝머신에 오른다면

월 스미스
인터뷰

You're getting off first,
or
I'm going to die.

당신이 먼저 내리든가
제가 달리다가 죽든가 둘 중 하나입니다.

'만약 내가 원한다면 난 미국 대통령도 될 수 있다.'라는 말을 했을 정도로,
배우 윌 스미스는 노력하면 뭐든 이룰 수 있다고 믿는 사람입니다.
이 인터뷰의 내용은 그의 그런 면모를 잘 보여 주는데요. 다
른 사람과의 차이점이 무엇이냐고 묻는 인터뷰어의 질문
에 그는 이렇게 답합니다. "나는 러닝머신 위에서 죽는 것
을 두려워하지 않는다."라고 말이죠.

Key Expressions

1 The only thing that I see that is distinctly different about me is: I'm not afraid to die on a treadmill.

2 I will not be outworked. Period.

3 You might have more talent than me. You might be smarter than me. You might be sexier than me.

4 But if we get on the treadmill together, right, there's two things: You're getting off first, or I'm going to die. It's really that simple.

❶ 다른 사람들과 저와의 확연한 차이점 한 가지는 바로, 저는 러닝머신 위에서 죽는 걸 두려워하지 않는다는 것입니다.

❷ 노력만큼은 절대로 지지 않습니다. 절대로요.

❸ 저보다 더 재능 있는 사람도 있고, 더 똑똑한 사람도 있고, 더 섹시한 사람도 있을 겁니다.

❹ 하지만 러닝머신에 같이 오른다면 말이죠, 두 가지 결과만이 있습니다. 당신이 먼저 내리든가 혹은 제가 달리다가 죽든가요. 매우 간단한 문제입니다.

Words & Phrases

1 **Distinctly** 뚜렷하게; 명백하게

I distinctly **remember him saying that he's available for today's meeting. How dare he say that I'm lying?**

그가 오늘 회의에 참석할 수 있다고 말한 것을 분명히 기억합니다. 그는 어떻게 감히 제가 거짓말을 하고 있다고 말할 수 있죠?

I distinctly **heard someone singing my favorite song just now!**

저는 방금 누군가가 제가 가장 좋아하는 노래를 부르는 것을 분명히 들었습니다!

2 **Get off** 차에서 내리다; 떠나다; 퇴근하다

Wake up! We need to get off **at the next stop.**

일어나세요! 저희 다음 정류장에서 내려야 합니다.

I'm getting off **work late so I don't think I can make it to dinner tonight.**

늦게 퇴근해서 오늘 저녁에 못 갈 것 같아요.

We are getting off **topic. Let's focus on the agenda.**

우리는 주제에서 벗어나고 있습니다. 안건에 집중합시다.

벽돌 하나를 완벽하게 놓는 것

월 스미스
인터뷰

I'm gonna lay this brick as perfectly as a brick can be laid.

내가 놓을 수 있는 가장 완벽한 모양으로
벽돌 하나를 놓을 거야.

월 스미스는 이 시대의 할리우드를 상징하는 흑인 배우 중 한 명입니다. 영화《맨 인 블랙 2》부터《핸콕》까지 주연을 맡은 영화 8편 연속 북미 박스오피스 1억불을 돌파한, 최초이자 유일한 배우입니다. 그리고 데뷔를 래퍼로 한 만큼 랩 실력 또한 인정받는 다재다능한 엔터테이너이죠. 이런 그의 대단한 커리어의 시작은 바로 벽돌 하나를 완벽하게 놓는 것에서부터 시작했습니다.

1　I believe and I learned very young you don't set out to build a wall. You don't say "I want to build the biggest, baddest, greatest wall that's ever been built."

2　You don't start there. You say, "I'm gonna lay this brick as perfectly as a brick can be laid."

3　"There will not be one brick on the face of the earth that's gonna be laid better than this brick that I'm gonna lay in this next ten minutes."

4　And you do that every single day, and soon you have a wall.

❶ 저는 어렸을 때 벽을 세우는 것부터 시작하면 안 된다는 신념을 배웠고 또 믿고 있습니다. "이 세상에서 가장 크고, 끝내주며, 위대한 벽을 세울 거야, 아무도 세워 본 적 없는 벽을 말이지."라고 말하면 안 됩니다.

❷ 거기서 시작하는 것이 아닙니다. "내가 놓을 수 있는 가장 완벽한 모양으로 벽돌 하나를 놓을 거야."라고 말해야 합니다.

❸ "지구상에 이것보다 더 잘 놓여진 벽돌은 없을 거야. 지금부터 10분 동안 내가 놓을 벽돌보다 말이지"라고요.

❹ 그리고 매일매일을 그렇게 하는 겁니다. 그러면 비로소 벽을 세울 수 있는 것이죠.

1　**Set out**　출발하다; 자세하게 설명하다; 계획을 제시하다
He set out on a long walk to another city.
그는 다른 도시로 먼 길을 떠났습니다.

She managed to accomplish what she has set out to do for this year.
그녀는 올해 계획한 일을 성공적으로 수행했습니다.

2　**Face of the earth**　지구상
All my files vanished off the face of the earth.
제 모든 파일들이 온데간데없이 사라져 버렸습니다.

I think he is the slyest person on the face of the earth.
저는 그가 지구상에서 가장 교활한 사람이라고 생각합니다.

열정을 가지고 해야 할 일

김 용
인터뷰

Find out about
what you're passionate.

열정을 가지고 할 무언가를
찾아야 합니다.

아시아인 최초 세계은행 총재를 역임한 김 용 전 총재는 하버드 메디컬스
쿨을 졸업한 의학 박사이기도 합니다. 다음 본문 내용은 그가 다트머
스 대학교의 총장을 역임하던 시절의 인터뷰입니다. 문과, 이과
를 가리지 않고 누구보다 열정적으로 학문을 탐구했고, 그
학문을 바탕으로 세상을 이롭게 하고 있는 김 용 전 총재
가 젊은 학생들에게 이렇게 전합니다. 열정을 가지고
할 무언가를 반드시 찾아야 한다고 말이죠.

1 More than anything else, **what I tell young people is first of all, you've got to find that thing about which you're passionate.**

2 **It might be literature. It might be medicine. It might be law.** Whatever it is **that you want to take on.**

3 **Find out about what you're passionate.**

4 **And then really understand what your greatest** aspirations **are in achieving something that will be lasting in that particular area of your passion.**

① 다른 무엇보다도, 제가 젊은이들에게 하는 말은 우선 열정적으로 할 무언가를 찾아야 한다는 것입니다.

② 그것이 문학일 수도 있고, 의학일 수도 있고, 법일 수도 있습니다. 여러분이 부딪혀 보고 싶은 무엇이든지요.

③ 열정을 가지고 할 무언가를 찾아야 합니다.

④ 그런 다음에 여러분의 가장 큰 열망이 무엇인지 이해해야 하죠. 지속적으로 무언가를 성취해 나갈 수 있는 열망, 여러분이 열정을 가진 그 특정 분야에서요.

1 **More than anything else** 무엇보다

When you go study abroad, more than anything else, please stay healthy.

유학을 가시게 되면, 무엇보다 건강 꼭 챙기길 바랍니다.

2 **Whatever it is** 뭐가 됐든 간에

Whatever it is, just tell me. Don't just keep problems to yourself. Get it off your chest!

무엇이 됐든 간에, 저한테 말씀하세요. 혼자 끙끙 앓지 말고 털어 놓으세요!

3 **Aspiration** 열망, 포부

Her aspiration to master yoga led her to take a yoga teacher training course in India.

요가를 마스터하려는 그녀의 열망은 그녀를 인도에서 요가 교사 교육 과정을 수강하도록 이끌었습니다.

싸이가 웃긴 춤을 추는 이유

싸이

2012 옥스퍼드 유니언 영어 연설 ❶

That was part of my job to just make fun.

단지 웃음을 주는 것,
이것이 나의 사명이다.

싸이는 미국 유학 시절, 작곡가를 꿈꿨습니다. 하지만 그가 작곡한 곡을 사 주는 사람은 한 명도 없었고, 지친 그는 결국 자기 자신에게 곡을 팔기로 결심하죠. 그렇게 그는 전례 없는 독특한 스타일로 데뷔를 한 후 우리의 눈과 귀를 즐겁게 해 주는 가수로 성장했습니다. 그리고 '사람들에게 웃음을 주겠다'라는 사명감을 바탕으로 6집 앨범을 내는데, 이 앨범의 수록곡인 강남 스타일이 유튜브를 통해 화제가 되며 우리가 익히 잘 알고 있는 강남 스타일 열풍이 시작된 것입니다.

1   What I dance and people saw it and what they thought was "I think we can do it", "We can do PSY's dance." Just like you are doing horse dance these days.

2   So what I thought was 'I can provide them participation instead of exhibition.'

3   I've got to go back to the first place when I debuted with funny moves, funny songs, funny dances so that people can laugh.

4   So what I thought was as a twelve year old artist, 'that was part of my job, to just make fun, by music, by dance, by video.'

❶   제가 춤을 추는 것을 사람들이 보고, 그들은 이렇게 생각합니다. "나도 할 수 있겠는데", "우리도 싸이 춤을 출 수 있어"라고요. 여러분들이 요즘 말춤을 따라 추시는 것처럼요.

❷   그래서 저는 생각했습니다. "나는 단순히 보여 드리는 것 말고 저들을 참여시킬 수 있겠다."

❸   저는 초심으로 돌아가고자 했습니다. 데뷔 시절의 웃긴 동작, 웃긴 노래, 웃긴 춤으로요. 사람들이 웃을 수 있도록 말이죠.

❹   그래서 12년 차 아티스트로서 저는 생각했습니다. '이것이 나의 사명이다. 웃음을 주는 것. 바로 음악을 통해서, 춤을 통해서, 영상을 통해서.'

 Words & Phrases

1   **first place**   1등; 처음에; in the first place: 애초에; 처음부터
This volleyball team has maintained first place for several years.
이 배구 팀은 몇 년 동안 1위를 유지하고 있습니다.

That's the first place I looked, but my phone wasn't there either.
거기를 맨 처음에 찾아봤지만, 제 폰은 거기에 없었습니다.

I wish I'd never taken this job in the first place. Work culture is toxic, pay isn't that high, and it's not an industry that I'm much interested in.
애초에 이 직장에 취직을 하지 말았어야 했습니다. 기업 문화는 해로우며, 급여도 그렇게 높지도 않고, 제가 그다지 관심이 있는 산업도 아닙니다.

111

한국말을 몰라도 따라한 강남 스타일

싸이

2012 옥스퍼드 유니언 영어 연설 ❷

Maybe they have their own version of lyrics each and everyone.

어쩌면 그들은 각각 자신만의 가사를
가지고 있기 때문이죠.

강남 스타일이 전 세계를 들썩거리게 만들던 2012년, 싸이는 영국 옥스
퍼드 유니언에서 연설을 했습니다. 한 시간이 넘는 연설을 진행하
면서 유창한 영어 실력으로 학생들을 놀라게 하고 또 웃게 만들었
던 싸이는 진정한 월드 스타였습니다. 연설을 듣고 즐거워했던 영
국 학생들처럼, 2012년 강남 스타일을 부르고 또 춤을 췄던 전 세
계 사람들, 그들은 분명 한국어 가사를 이해하지는 못해도 각각 자신
만의 가사를 통해 싸이가 전하고자 했던 즐거움과 행복을 받아들였
을 것입니다.

1   Honestly, I tried my best to be as ridiculous as possible. And finally I got the song and it's a song called *Gangnam Style*.

2   The funny thing is if I perform this song every time, when I saw the people I feel happy and sorry.

3   I feel happy because they look so happy. And I feel sorry because they don't have any idea about the lyrics.

4   They don't need to know what the lyrics are about. Maybe they have their own version of lyrics each and everyone. So, isn't this great?

❶ 솔직히, 저는 최대한 우스꽝스러워 보이기 위해 노력했습니다. 그리고 마침내, 곡을 만들었고 그 곡이 바로 '강남 스타일'이었죠.

❷ 재미있는 것은 제가 이 노래를 부를 때마다 사람들을 보면 행복하면서 동시에 죄송함을 느낍니다.

❸ 행복한 이유는 사람들이 행복해 보이기 때문이고, 죄송한 이유는 그들이 가사의 뜻을 전혀 모르면서 부르고 있기 때문이죠.

❹ 그들은 가사의 뜻을 알 필요가 없는지도 모르겠습니다. 어쩌면 그들은 각각 자신만의 가사를 가지고 있을 것이기 때문이죠. 정말 멋지지 않나요?

 Words & Phrases

1   **as ... as possible**   최대한 ~

I woke up late for work so I washed up as soon as possible.
저는 일에 늦게 일어나서, 최대한 빨리 씻었습니다.

Since he was one of the few experts in this field, I asked him as many questions as possible within the hour interview session.
그는 이 분야의 몇 안 되는 전문가였기 때문에 1시간의 인터뷰 세션 동안 최대한 많은 질문을 했습니다.

2   **don't have any idea**   모르겠다

I don't have any idea what you are talking about. Can you give me further details?
무슨 말씀을 하시는지 잘 모르겠습니다. 추가 설명을 해 주실 수 있나요?

테슬라가 세상에 존재하는 이유

일론 머스크
테드 인터뷰

Sustainable energy will happen no matter what. If there was no Tesla.

지속 가능한 에너지는 분명히 도래할 미래입니다.
테슬라가 아니더라도 말이죠.

테슬라를 창업한 일론 머스크는 테슬라가 아니었더라도 전기 에너지를
비롯한 지속 가능한 에너지의 개발은 분명히 도래할 미래였다고 이
야기합니다. 그러나 테슬라가 존재함으로써 그 미래를 10년 정도
앞당길 수 있었다고요. 우리가 그를 사업가가 아닌 혁신가로 보는
것은 어쩌면 우리보다 10년 앞을 내다보는 것뿐만 아니
라 그 미래를 현재에 실현시키려고 노력하는 사업가이
기 때문일 것입니다.

1   Sustainable energy will happen no matter what. If there was no Tesla, if Tesla never existed, it would have to happen out of necessity.

2   It's tautological. If you don't have sustainable energy, it means you have unsustainable energy.

3   Eventually you will run out and the law of economics will drive civilization towards sustainable energy, inevitably.

4   So, what is the fundamental good of a company like Tesla, I would say hopefully if it accelerated that by a decade, that would be quite a good thing to occur.

❶   지속 가능한 에너지는 분명히 도래할 미래입니다. 테슬라가 아니더라도, 테슬라가 전혀 존재하지 않았더라도 필요에 의해서 분명히 일어날 일이었을 것입니다.

❷   같은 맥락으로, 지속 가능한 에너지가 없다는 것은 지속 불가능한 에너지만 존재한다는 뜻입니다.

❸   결국 그 에너지를 다 써 버리고 나면 경제의 법칙에 따라 틀림없이 지속 가능한 에너지 문명을 찾게 될 것입니다.

❹   즉, 테슬라와 같은 회사의 근본적인 장점이 무엇이냐고 한다면, 이렇게 말씀드릴 수 있습니다. 테슬라가 우리에게 일어나면 꽤 좋은 일들을 10년 정도 앞당길 수 있다고 말이죠.

 Words & Phrases

1   **Out of necessity**   마지못하여, 필요에 의해서
I joined this task force team out of necessity.
저는 필요에 의해서 이 TF 팀에 합류했습니다.

I'm so jealous of people who work with joy and not out of necessity.
저는 마지못해서가 아니라 즐겁게 일하는 사람들이 너무 부럽습니다.

2   **Tautological**   동의어, 중복된
When you proofread your final draft, check if there are tautological phrases.
최종 원고를 교정할 때 중복 문구가 있는지 확인하십시오.

다행성 종족

일론 머스크
인터뷰

Being a multi-planetary species is important for the long term survival of humanity.

다행성 종족이 되는 것은
인류의 장기적인 생존을 위해 중요합니다.

우주 탐사 전문기업 스페이스X를 설립한 일론 머스크는 일회성 로켓이 아닌 재사용이 가능한 로켓을 개발했습니다. 이 로켓이 상용화될 경우 비행기 항공료 수준으로 우주를 왕복하는 미래가 올 것이라고 공언 했습니다. 그리고 머지않은 미래에 인간은 화성을 비롯한 우주의 별에 터를 옮겨 살아가는 다행성 종족이 될 것이라는 말도 덧붙였 습니다. 판타지 영화 같은 그의 꿈이 현실로 실현되는지 지켜보는 것만으로도 가슴 뛰고 흥미진진한 일이 아닐 수 없습니다.

1 Interviewer: You decided to go to space, you did it. You decided that you wanted to land your rocket back, you did it. How do you come (up) with these ideas? Sometimes they're pushing the human limit. You're always pushing the human limit. Why?

2 Elon: I think that being a multi-planetary species and being out there among the stars is important for the long term survival of humanity.

3 And, that's one reason, kind of like life insurance for life collectively.

4 But then the part that I find personally most motivating is that it creates a sense of adventure, and it makes people excited about the future.

① 인터뷰어: 당신은 우주에 가기로 결정하면 우주에 가고, 로켓을 착륙시키기로 결정하면, 착륙시키죠. 어떻게 이런 생각들을 하실 수 있죠? 가끔은 그 꿈들이 인간의 한계까지 밀어붙이고 있어요. 당신은 항상 인간의 한계까지 밀어붙입니다. 왜 입니까?

② 일론 머스크: 저는 저희가 다행성 종족이 되어서 우주의 별들 사이에 산다는 것이 인류의 장기적 생존에 있어서 매우 중요하다고 생각합니다.

③ 그 이유뿐입니다. 일종의 종신보험 같다고나 할까요.

④ 하지만 개인적으로 제가 가장 동기 부여를 받는 부분은 우주로 나간다는 것이 모험심을 자극하고 사람들로 하여금 미래가 기대되도록 만든다는 부분입니다.

 Words & Phrases

1 **Come up with an idea** 아이디어를 생각해 내다
The speaker was running late, so I had to come up with an idea to fill in some time.
연사가 늦어서 시간을 메울 아이디어를 생각해 내야 했습니다.

2 **Collectively** 집단적으로, 단체로
Students collectively gathered 5,000 signatories for a petition for more research funding in the Social Science department.
학생들은 사회 과학부에서 더 많은 연구 자금 지원을 요청하기 위해 단체로 5,000명의 서명자를 모았습니다.

3 **A sense of** ~의 감각, 느낌
I felt a sense of alienation when I first moved to this new neighborhood.
나는 이 새로운 동네로 이사했을 때 소외감을 느꼈다.

117

지구가 감당하기엔 너무 큰 꿈

일론 머스크
인터뷰 ❷

You know,
life can't just be about
solving problems.

삶이라는 것이
단순히 눈앞의 문제를 해결하는 것만은 아니잖아요?

바쁜 일상을 반복하며 살다 보면 가끔 우리 삶의 목적이 무엇인가 생각하게 될 때가 있습니다. 우리가 살아가는 이유는 단순히 당면한 문제를 해결하는 것만은 아닙니다. 궁극적으로는 그런 반복되는 일상들을 기반으로 우리를 기대하게 만드는 미래의 무언가를 성취하기 위해서이죠. 일론 머스크가 기대하는 미래는 인류가 지구에만 머물지 않고 우주로 진출하는 미래일 것입니다. 어쩌면 그를 통해서 가슴 뛰는 꿈이 무엇이었는지를 다시 한번 떠올리게 될 지도 모르겠습니다.

1 If you consider two futures, one where we are forever confined to Earth until eventually something terrible happens.

2 Or another future where we are out there on many planets, maybe even going beyond the solar system.

3 I think that second version is incredibly exciting and inspiring. And there need to be reasons to get up in the morning.

4 You know, life can't just be about solving problems. Otherwise, what's the point?

❶ 만약 두 가지 미래가 있다고 가정해 보죠. 하나는 우리가 기어코 끔찍한 미래를 맞이할 때까지 지구에 머물러 있는 미래입니다.

❷ 또 다른 미래는 우리가 우주 여러 행성으로 진출하고 어쩌면 태양계 너머로도 가는 미래입니다.

❸ 저는 두 번째 미래가 훨씬 기대되고 영감을 준다고 생각합니다. 그리고 이런 것이야말로 우리를 아침에 일어나게 할 힘이죠.

❹ 삶이라는 것이 단순히 눈앞의 문제를 해결하는 것만은 아니잖아요? 그런 것이 아니라면, 중요한 것이 무엇일까요?

 Words & Phrases

1 **Be confined to** ~에 제한하다 / 갇혀 있다

He has been confined to a wheelchair after a big car accident
그는 큰 차 사고 이후에 휠체어 신세를 지고 있습니다.

She wants to be a singer-song writer with diverse musical styles, not confined to a single genre.
그녀는 한 장르에 국한되지 않고 다양한 음악적 스타일을 지닌 싱어송라이터를 꿈꾼다.

2 **Get up in the morning** 아침에 일어나다

He gets up early in the morning to work out before work.
그는 아침 일찍 일어나서 일하기 전에 운동한다.

Unit
055

티끌 모아 태산

마이클 펠프스
인터뷰 ❶

The city wasn't built in a day.

도시는 하루아침에 지어지는 것이 아닙니다.

우리나라의 속담 중에 '티끌 모아 태산'이라는 말이 있죠. 작고 하찮은 것일지라도 모이고 모이면 커다란 가치를 가지는 법입니다. 올림픽 역사상 4관왕을 무려 4번이나 달성한 전대미문의 수영 선수 마이클 펠프스는 바로 그런 작은 훈련과 노력들이 모였기 때문에 탄생할 수 있었습니다. 도시가 하루아침에 지어지지 않은 것처럼 말이죠.

1   It is a process to go through when you want to be successful at something.

2   I mean, If you look at this city, the city wasn't built in a day. Right? So, it takes time to truly reach your goals and reach your potential.

3   That's why I went to practice every day. That's why I worked as hard as I did every day.

4   Because I didn't want anybody to beat me. I wanted to stay on top of the mountain as long as I could.

❶ 당신이 어떤 분야에서 성공하길 원한다면, 그건 겪어야만 하는 과정입니다.

❷ 그러니까 제 말은, 이 도시를 한번 보세요. 도시는 하루아침에 지어지는 것이 아닙니다. 그렇죠? 즉, 진정으로 당신의 목표와 잠재력에 도달하기 위해서는 시간이 필요합니다.

❸ 그것이 바로 제가 매일 훈련을 했던 이유입니다. 그것이 바로 지난날들처럼 제가 열심히 했던 이유입니다.

❹ 저는 그 어떤 누구에게도 지고 싶지 않았거든요. 저는 최고의 위치에서 버틸 수 있는 한 버티고 싶었습니다.

 Words & Phrases

1   **Take time**   시간이 걸리다; 짬을 내다

Although it took some time for the employees to get accustomed to the new CRM system, productivity increased significantly once they got used to it.
직원들이 새로운 CRM 시스템에 적응하는 데 시간이 걸렸지만, 익숙해진 후에는 생산성이 크게 향상되었습니다.

Many famous CEOs take time out of their busy schedule to practice meditation every day, in order to help reduce their stress and increase emotional resilience.
많은 유명 CEO들은 스트레스를 줄이고 정서적 회복력을 높이기 위해 바쁜 일정 속에서도 시간을 내 매일 명상을 합니다.

저는 남들보다 52일이 더 있습니다

마이클 펠프스
인터뷰 ❷

Every single day, I was in the water.

하루도 빠짐없이,
저는 물속에 있었습니다.

마이클 펠프스를 깎아내리려는 사람들은 그의 타고난 신체 스펙에 대해 이야기하곤 합니다. "그의 신체는 수영 그 자체에 최적화되어 있다", "팔다리가 길고 손발이 커서 수영을 잘할 수 밖에 없는 몸이다"라고 말이죠. 하지만 그를 잘 아는 사람은 그의 어마어마한 연습량을 치켜세웁니다. 그가 선수 생활을 하는 동안 압도적인 실력을 유지하며 수영계를 평정할 수 있었던 이유는 바로 이런 그의 꾸준한 노력과 근성이 있었기 때문일 것입니다.

1 Every single day, I was in the water. And in the sports of swimming, when you miss one day (it) takes you two days to get back.

2 So for me, I went through a span of five of six years where I didn't miss a single day of training. 365 days a year.

3 That made me different. I got 52 extra days each year than anybody else had.

4 So, everybody else is taking a step back on Sunday when they weren't swimming, and I was taking that one step forward.

❶ 하루도 빠짐없이, 저는 물속에 있었습니다. 그리고 수영이라는 스포츠에서 만약 하루를 쉬게 되면, 다시 따라잡는 데 이틀이 걸립니다.

❷ 그러니까 저의 경우, 5~6년을 훈련해 오면서 단 하루도 훈련을 쉰 적이 없습니다. 1년에 365일을 훈련하죠.

❸ 그것이 바로 저를 특별하게 만듭니다. 저는 매년 다른 경쟁자들보다 52일이 더 있는 셈이죠.

❹ 즉, 모두가 수영을 하지 않고 한 걸음 물러나 있는 일요일에 저는 한 걸음 더 나아가는 것이죠.

1 **Get back** 돌아가다, 원래 상태로 되돌아가다

Lunch time is over. Get back to work.
점심 시간 끝났습니다. 다시 일하십시오.

I feel like things are going out of control lately. I'm trying to get my life back on track by reassessing my priorities and time management.
요즘 따라 정신이 너무 없어요. 저의 우선순위와 시간 관리를 재평가함으로써 제 삶을 제자리로 돌려놓을 수 있도록 노력하고 있습니다.

'그냥 잘하는 것'과 '위대함'의 차이

마이클 펠프스
인터뷰 ❸

The greats do things when they don't always want to.

위대한 사람은 하기 싫을 때도
항상 무언가를 한다.

수영 황제 마이클 펠프스는 사실 과거에 주의력 결핍-과잉행동증후군
(ADHD)을 앓고 있었습니다. ADHD는 주의력이 부족하고 산만
해서 한 가지에 집중하기 힘들게 만듭니다. 이런 힘든 여건을
가진 그였지만 그는 노력을 게을리 하지 않았습니다. 아니 오
히려 무언가 하기 싫은 그런 날에도 꼭 무언가를 해내는 근성
을 보여줬죠. 그리고 그는 훗날 그것이 바로 '그냥 잘하는 것'과
'위대함'의 차이라고 말합니다.

1   You will have ups and you will definitely have downs. For me, when I had my downs that's where I was able to have the support that I had.

2   There are days you're not going to do it. Sure, everybody has those days. But it's what you do on those days that help you move forward.

3   And I love this. "The greats do things when they don't always want to."

4   I think that's what separates 'Good' from 'Great.'

❶ 올라갈 때가 있으면 분명히 내려갈 때도 있을 것입니다. 저의 경우 그런 좌절을 겪을 때 오히려 제가 가진 잠재력을 믿고 힘을 낼 수 있었죠.

❷ 무언가 하기 싫은 날도 있습니다. 분명, 누구나 그런 날들이 있죠. 하지만 그런 날에 무엇을 하느냐가 바로 당신을 발전하게 하는 것입니다.

❸ 저는 이 말을 좋아합니다. "위대한 사람은 하기 싫을 때도 항상 무언가를 한다."

❹ 그리고 그것이 바로 '그냥 잘하는 것'과 '위대함'을 구분하는 차이입니다.

 Words & Phrases

1   **Ups and downs** 기복, 우여곡절
This year was full of ups and downs.
올해는 우여곡절이 많았습니다.

The entrepreneur has learned to celebrate the small wins as a way to cope with the ups and downs in business.
기업가는 사업의 기복에 대처하는 방법으로 작은 승리를 축하하는 법을 배웠습니다.

2   **Separate** 나누다
Can you help me separate these books into 3 piles: self-improvement, novel, and technical books?
이 책들을 자기 계발, 소설, 기술 책 세 가지 더미로 나누는 것을 도와주시겠습니까?

Before moving out, separate the clothes you want to keep from the ones you want to sell or donate.
이사하기 전에 보관하고 싶은 옷과 팔거나 기부할 옷을 분리하세요.

마치 예언 같은 80년 전 명연설

찰리 채플린

영화 '위대한 독재자 (1940)' 연설 장면

Do not despair.

절망에
빠지지 마십시오.

독재에 대항하는 혼이 담긴 연설로 유명한 영화 찰리 채플린의 '위대한 독재자(1940)'입니다. 파시즘과 나치즘을 비판하는 이 오래된 영화는 독재로 얼룩진 1900년대의 수많은 사람들에게 자유와 민주주의의 진정한 의미를 알린 영화였을뿐만 아니라 80년이 지난 지금 우리가 살고 있는 시대까지 관통하는 메시지를 담고 있습니다. 상당히 긴 연설을 원테이크(One take)로 찍으면서도 완벽하게 소화해 낸 그의 엄청난 연기력을 꼭 영상을 통해 확인해 보시길 권해 드립니다.

126

1 We think too much and feel too little. More than machinery we need humanity. More than cleverness we need kindness and gentleness.

2 The aeroplane and the radio have brought us closer together. The very nature of these inventions cries out for the goodness in men - cries out for universal brotherhood - for the unity of us all.

3 Even now my voice is reaching millions throughout the world - millions of despairing men, women, and little children.

4 To those who can hear me, I say – "Do not despair." The hate of men will pass, and dictators die, and the power they took from the people will return to the people.

① 우리는 생각만 많아지고 느끼는 바는 거의 없습니다. 기계보다는 인류애가 필요합니다. 똑똑함보다는 친절함과 온화함이 필요합니다.

② 비행기와 라디오는 우리를 더 가깝게 만들어 주었습니다. 이런 발명품들의 본질이 말하고자 하는 것은 인간 그 자체의 선량함과 인류 보편의 형제애와 우리 모두의 화합입니다.

③ 지금 제 목소리도 전 세계 수백만의 사람들에게 닿습니다. 절망에 빠진 수백만의 남성들, 여성들, 아이들에게까지요.

④ 제 말을 듣고 계신 분들이 있다면, "절망에 빠지지 마십시오." 인간에 대한 증오는 곧 지나갈 것이고, 독재자들은 죽어 없어질 것입니다. 그리고 사람들로부터 빼앗은 권력은 다시 사람들에게 돌아갈 것입니다.

1 **More than** ~보다 많이

She is making commitments more than she can handle.
그녀는 자신이 감당할 수 있는 것보다 더 많은 약속을 하고 있습니다.

Be succinct with your answers. Do not write more than 300 words for each question.
간결하게 답변하십시오. 각 질문에 300단어 이상 작성하지 마세요.

This volunteer work has impacted me more than I realized.
이 봉사활동은 저에게 생각보다 더 많은 영향을 끼쳤습니다.

2 **Very nature** 본질

Atopic dermatitis, by its very nature, is difficult to be treated in a short period of time.
아토피 피부염은 특성상 단기간에 치료가 어렵습니다.

127

외모나 출생을 바꿀 수는 없습니다

대니얼 대 킴
인터뷰

So,
don't worry
about that stuff.

그러니,
그런 것들은 고민하지 마세요.

미국에서 활동하는 한국계 미국인 배우 대니얼 대 킴은 드라마 〈로스트〉에 출연하며 우리에게 많이 익숙해진 배우이죠. 그는 미국인이지만 아시아계 외모를 가졌다는 이유만으로 연기 커리어 초반 많은 인종차별을 당하기도 했습니다. 하지만 점차 연기력을 인정받으며 주연급 배우 자리에 올라가게 되었습니다. 대니얼 대 킴이 온갖 차별을 이겨내고 성장할 수 있었던 배경에는 그가 컨트롤할 수 있는 문제, 즉 연기에만 집중했기 때문일 것입니다.

1   In this career as an actor regardless of your race, there are so many variables that are beyond your control.

2   You can't control what you look like. You can't control where you grew up. You can't control what roles are being cast at a particular moment.

3   So, don't worry about that stuff.

4   And if you are gonna be an actor, don't be an actor because you want to be famous, be an actor because you want to be a damn good actor. Be good at the things you choose to do.

①   배우로서 커리어를 쌓으면서 인종과는 상관없이, 스스로 제어하기 어려운 변수들이 많습니다.

②   당신의 외모를 바꿀 수는 없습니다. 당신이 어디서 자랐는지도 바꿀 수 없습니다. 특정 시점에 어떤 배역을 맡는 것도 제어할 수 없죠.

③   그러니 그런 것들은 고민하지 마세요.

④   그리고 만약 배우가 되고 싶다면, 유명해지기 위해서 배우가 되지는 마세요. 진짜 연기를 잘하는 배우가 되는 것을 목표로 삼으세요. 당신이 하고자 하는 일을 정말 잘하는 것이죠.

 Words & Phrases

1   **Regardless**   상관없이

Golf has recently become a sport that can be enjoyed by anyone regardless of age and gender.

골프는 최근 남녀노소 누구나 즐길 수 있는 스포츠가 됐습니다.

The weather was cold and windy, but we carried on with the photo shoot regardless.

날씨가 춥고 바람도 많이 불었지만, 우리는 개의치 않고 촬영을 계속 진행했습니다.

2   **Beyond control**   불가항력의, 통제할 수 없는

There are circumstances that are beyond our control, but we can always control how we react and respond.

우리가 통제할 수 없는 상황은 있지만, 어떻게 반응하고 대응할지는 항상 우리가 스스로 통제할 수 있습니다.

여러분의 영웅은 누구입니까?

매튜 맥커너히
2014 오스카 수상 소감

Alright,
alright,
alright.

괜찮아, 괜찮아, 괜찮아

저는 항상 계획을 세워 놓고 그 계획에 도달하려 노력하며 인생을 살아
가는 편입니다. 가끔 주변 사람들은 그런 저를 보며 항상 미래를 좇
으며 살면 현재는 언제 즐기냐고 말하죠. 하지만 저는 제 미래의
꿈에 매일 한발자국씩 가까워지는 지금 이 순간 행복을 느낍
니다. 매튜 맥커너히의 말처럼 덕분에 미래의 영웅을 좇으
며 오늘 이 자리에 와 있을 수 있었으니까요. 그러니 여러
분들도 여러분들께서 행복하다고 믿는 것이 어떤 것이
던 간에 계속해서 좇으라고 말씀드리고 싶습니다.

1 "Who is your hero?" And so I thought about it and I said, "You know who it is, it's me in 10 years."

2 So you see every day, every week, every month and every year of my life, my hero is always 10 years away. I'm never gonna beat my hero. And that's just fine with me. Because that keeps me with somebody to keep on chasing.

3 So, to any of us, whatever those things are. Whatever that is look up to. Whatever it is look forward to and whoever it is we are chasing to that I say amen.

4 To that I say "Alright, alright, alright."

❶ "너의 영웅은 누구니?" 저는 생각해 본 후 대답했습니다. "그건 10년 후의 저입니다."

❷ 그렇게 매일, 매주, 매달, 매년 제 인생에서 영웅은 항상 10년 멀어져 있었습니다. 저는 제 영웅을 절대 이기지 못할 것입니다. 그래도 괜찮습니다. 왜냐하면 그 덕분에 계속 누군가를 좇을 수 있었으니까요.

❸ 그러니 여러분들도 그것이 무엇이든지 간에, 존경하는 것이 무엇이든지 간에, 추구하는 것이 무엇이든지 간에 그리고 좇고 있는 사람이 누구이든지 간에 저도 응원하겠습니다.

❹ 그리고 이렇게 말해 드리겠습니다. "괜찮아. 괜찮아. 괜찮아."

1 **Keep on -ing** 계속

Although the players were exhausted and injured, they kept on playing till the end of the game.

선수들은 지치고 다쳤지만 경기가 끝날 때까지 계속했습니다.

2 **Look up to** 존경하다

Many fans and artists look up to K-pop band 'BTS' members for their talent, energy, and persistence.

많은 팬과 아티스트가 K-POP 밴드 '방탄소년단' 멤버들의 재능, 에너지, 끈기를 높이 평가합니다.

3 **Look forward to** 기대하다, 고대하다

I look forward to seeing you this weekend!

이번 주말에 뵙기를 고대합니다!

편안함은 역경보다 더 큰 걸림돌

덴젤 워싱턴
2017 NAACP 수상 소감

See you
at work.

일터에서 봅시다.

배우 덴젤 워싱턴은 대학교 재학 시절 꿈을 찾지 못한 채 방황하며 1.7학점을 받고 퇴학 위기에 처하기도 했었습니다. 하지만 배우의 꿈을 발견한 그는 단역부터 시작하여 연극 무대, 스크린을 가리지 않고 꾸준히 노력했습니다. 그리고 그런 노력을 바탕으로 현재는 엄청난 연기력을 인정받는 '리빙 레전드' 배우가 되었죠. 수상 소감의 마지막 멘트인 '일터에서 봅시다'가 멋지게 느껴지는 이유는 그의 그런 직업 윤리(Work ethic)가 잘 드러나는 멘트이기 때문일 것입니다.

1 Without commitment, you'll never start. But more importantly without consistency you'll never finish.

2 It's not easy. If it were easy, there'd be no Denzel Washington. So, keep working, keep striving. Never give up. Fall down seven times get up eight.

3 Ease is a greater threat to progress than hardship. So, keep moving, keep growing, keep learning.

4 See you at work.

❶ 헌신 없이는 시작할 수조차 없습니다. 하지만 더 중요한 것은 바로 일관성이 없다면 끝낼 수 없다는 것입니다.

❷ 그건 쉽지 않습니다. 만약 쉬웠다면 덴젤 워싱턴도 이 자리에 없었을 것입니다. 그러니 계속 노력하고 싸우세요. 절대 포기하지 마세요. 일곱 번 넘어지면, 여덟 번 일어나세요.

❸ '편안함'은 발전에 있어서 '역경'보다 더 큰 걸림돌입니다. 그러니 계속 움직이고, 성장하고, 또 배우세요.

❹ 일터에서 봅시다.

1 **If it were** ～였다면

If it were me, I wouldn't insult her like that.
저 같으면 그녀를 그렇게 모욕하진 않을 거예요.

I would join your weekend getaway if it were not for the job interview.
취업 면접이 아니었다면 주말 여행에 합류했을 것입니다.

If it were a little cheaper, I would buy this purse. I love the design and color!
조금만 더 저렴했다면 이 지갑을 샀을 겁니다. 디자인과 색상은 마음에 들어요!

2 **Ease** 편안함(명사); 편해지다, 고통/불편이 덜해지다(동사)

I was amazed by how strong he was! He moved all these furniture with ease.
저는 그의 힘에 놀랐습니다! 그는 이 모든 가구를 쉽게 옮겼습니다.

My shoulder pain eased away after I received medical treatments.
어깨 통증이 치료를 받은 후 완화되었습니다.

133

수상 소감 도중 노래를 부른 남자

빈 디젤
2016 피플스 초이스 어워즈 수상 소감

My only message to you is you'd be amazed what you can do with love.

오직 드리고 싶은 말씀은 사랑하는 일을 한다는 것이
얼마나 엄청난 것인지 놀라실 거라는 것이죠.

영화 〈분노의 질주 7〉 촬영 중 주연이었던 폴 워커가 사고로 사망하게 되었고, 또 다른 주연이었던 빈 디젤을 비롯한 제작진들은 엄청난 비극을 마주한 채 영화를 마무리해야만 했습니다. 이 영화는 2억 7,500만 달러라는 역대급 예산을 투입했음에도 총 15억 달러 이상을 벌어들이며 역대 흥행 순위 9위에 랭크되는 기염을 토했습니다. 빈 디젤은 이 영화의 수상 소감 자리에서 찰리 푸스의 'See You Again'을 라이브로 부르며 폴 워커를 추모했고 듣는 이들의 마음을 울렸습니다.

1 My only message to you is you'd be amazed what you can do with love. You'd be amazed at how powerful a force that is.

2 We didn't want to come back to filming when the tragedy was too heavy.

3 It was the love of everyone combined that saw us through to the end and now I'm standing here with all of you telling me this was your favorite film of the year.

4 It's real people that are voting for these awards. I thank you so much.

❶ 오직 여러분들께 드리고 싶은 말씀은 사랑하는 일을 한다는 것이 얼마나 엄청난 것인지 놀라실 거라는 것이죠. 그 강력한 힘에 놀라게 되실 거예요.

❷ 저희는 정말 다시 촬영 현장으로 복귀하기 힘들었습니다. 그 비극은 극복하기 너무 버거웠죠.

❸ 우리가 끝까지 해냈던 것은 모두의 사랑 덕분이었습니다. 그리고 저는 지금 이 자리에 서서 여러분이 주신 최우수 인기 작품상을 수상하고 있네요.

❹ 이 시상식에 투표해 주신 여러분들이 진짜 멋진 사람입니다. 정말 감사합니다.

 Words & Phrases

1 **Be amazed (at/by)** 놀랐다
I was amazed at the number of guests at her wedding.
저는 그녀의 결혼식에 하객의 숫자에 놀랐습니다.

I was amazed how my brother still didn't wake up even with all those loud alarms.
저는 제 남동생이 그 시끄러운 알람에도 불구하고 여전히 잠에서 깨지 않아서 놀랐습니다.

2 **See (something) through** (포기하지 않고) ~을 끝까지 해내다
I was tired of myself starting numerous projects and then giving up too easily. So I decided to set up a habit system to help me see things through to the end.
저는 수많은 프로젝트를 시작하고 너무 쉽게 포기하는 제 자신에 지쳤습니다. 그래서 무언가 끝까지 해낼 수 있도록 습관 시스템을 만들기로 결심했습니다.

겉모습과 상관없는 내면의 자신감

영화 명대사
〈 I Feel Pretty 〉

What if we didn't care about how we looked?

만약 우리가 겉모습에
치중하지 않았다면요?

뚱뚱한 몸매를 가진 '르네'는 항상 예뻐지길 꿈꿨습니다. 여느 때처럼 자전거를 타던 그녀는 그만 바닥에 떨어져 기절해 버리고, 어쩐 일인지 스스로 예뻐졌다는 환상과 함께 깨어나게 됩니다. 꿈꾸던 외모를 가지게 됐다고 착각한 르네는 그 이후로 자신감 넘치는 인생을 살게 됩니다. 하지만 모든 것이 환상이었다는 것을 알아버린 그녀! 외모가 중요한 것이 아니었다는 것도 함께 깨닫게 됩니다. 중요한 것은 겉모습이 아닌 스스로 아름답다고 믿는 자신감이라는 것을 말이죠!

1 When we're little girls, we have all the confidence in the world. And then these things happen that just, they make us question ourselves.

2 And you doubt yourself over and over again until you lose all that confidence.

3 What if we didn't care about how we looked? What if we never lost that little-girl confidence?

4 This new line of products won't change your life. Only you can do that. But this line is for every girl who is ready to believe in herself. You are beautiful!

❶ 우리가 어린 소녀였을 때는, 모두가 세상 누구보다 자신감이 넘치죠. 그런데 어느 순간 부터 자신을 의심하기 시작합니다.

❷ 그리고 모든 자신감을 잃어버릴 때까지 <u>스스로</u>를 계속해서 의심하고 또 의심합니다.

❸ 만약 우리가 겉모습에 치중하지 않았다면요? 만약 우리가 어린 시절의 자신감을 잃지 않았다면요?

❹ 이번 신제품은 당신의 인생을 바꿀 수 없습니다. 오직 당신만이 바꿀 수 있죠. 하지만 이 번 제품은 그런 자신을 믿기로 한 여러분들을 위한 것입니다. 당신은 아름답습니다!

 Words & Phrases

1 **All the (something) in the world** 세상의 모든; 전적으로

There is no need to rush! We have all the time in the world.

서두를 필요 없어요. 저희는 시간이 아주 많으니까요.

I wish you both all the happiness and joy in the world.

두 분께서 이 세상의 모든 기쁨과 행복을 누리기를 기원합니다.

We have all the confidence in the world in you.

우리는 당신을 전적으로 신뢰하고 있습니다.

I have all the desire in the world to help you, but I've got bigger fish to fry.

당신을 돕고 싶은 마음은 간절하나 제 코가 석자입니다.

All the compliments in the world will not be enough to cheer her up right now. Give her some time alone.

세상의 모든 칭찬도 지금 그녀를 위로하기에 충분하지 않을 것입니다. 그녀에게 혼자만의 시간을 주세요.

저는 아침에 일어나는 걸 좋아해요

이반 달른
내셔널지오그래픽

Because I know
I have another day.

왜냐하면 제가 또 다른 하루를
살 수 있다는 뜻이니까요.

걷기도 쉽지 않은 90세의 나이로 스케이트를 타고 얼음 위를 내달리는 이반 달른 할머니의 이야기입니다. 그녀는 뇌졸중을 겪는 등 건강의 적신호가 켜지기도 했었지만 모두 극복하고 일주일에 5번씩 빙상장에 나와 스케이트를 탑니다. 나이가 많다고 해서 좋아하는 스케이트 타기를 포기할 필요는 없습니다. 내가 살아가면서 무엇을 할지 즐거운 일이 무엇인지를 찾는 것은 남이 아닌 우리 스스로에게 달려 있으니까요.

1 Somebody said, "How can you skate so well? You tipple when you walk." Well, I tipple when I walk, but I don't have edges on my shoes.

2 What you do with your life and what you find enjoyable with your life, is up to you.

3 And I think it's wonderful, if you can follow things that you like to do in your life.

4 I like waking up in the morning because I know I have another day.

❶ 누군가 말했죠, "어떻게 그렇게 스케이트를 잘 타세요? 걸을 때는 비틀거리시잖아요." 맞아요, 저는 걸을 때는 비틀거리죠. 하지만 신발에는 날이 없잖아요.

❷ 살아가면서 무엇을 할지, 즐거운 일이 무엇인지 찾는 것은 모두 당신에게 달렸습니다.

❸ 그리고 정말 멋진 일이라고 생각해요, 여러분들이 삶에서 좋아하는 일을 할 수 있다면 말이죠.

❹ 저는 아침에 일어나는 걸 좋아해요. 왜냐하면 또 다른 하루를 살 수 있다는 뜻이니까요.

 Words & Phrases

1 **Find (something/someone) + adjective** ～라고 여기다/생각하다

I find this book difficult to read because there are too many technical jargons.
기술 용어가 너무 많아서 이 책을 읽기가 어렵습니다.

I'm sending you some of my notes for this lecture. I hope you find it useful.
제 강의 노트 일부를 보내 드립니다. 도움이 되었으면 하네요.

Given your major on Urban Design, you might find this article interesting.
당신이 도시 디자인을 전공했다는 것을 감안했을 때, 이 기사에 관심 있어 하실 것 같아요.

2 **Up to you** 너에게 달렸다

It's up to you to decide.
결정은 당신에게 달렸습니다.

As your close friend who cares about you, I'm just telling you this unpleasant truth. Whether or not you take the advice is up to you.
저는 당신을 걱정하는 가까운 친구로서 이 불쾌한 사실을 알려 주는 것뿐입니다. 조언을 받아들일지 말지는 당신에게 달려 있습니다.

노래로 만들어진 레전드 인터뷰

아폴로 헤스터
인터뷰

Regardless of the scoreboard.

점수판 따위는
중요하지 않습니다.

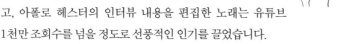

처음에는 평범한 스포츠 뉴스의 승리팀 인터뷰였습니다. 하지만 인터뷰에 나선 미식축구 선수 아폴로 헤스터는 승리에 심취한 얼굴로 마치 랩을 하듯 답변을 쉴 새 없이 쏟아냈습니다. 그리고 그 내용은 비단 스포츠 경기뿐만 아니라 인생을 살아가는 자세에 대한 이야기였죠. 결국 듣는 모두를 감동시키기에 충분했던 이 인터뷰는 미국 전역에 화제가 되었고, 아폴로 헤스터의 인터뷰 내용을 편집한 노래는 유튜브 1천만 조회수를 넘을 정도로 선풍적인 인기를 끌었습니다.

1   All right, well at first we started slow, we started real slow. And you know that's all right. Because sometimes in life you're going to start slow that's okay.

2   Yeah, they had us at the first half. I'm not gonna lie. They had us. But it took guts. It took an attitude. That's all it takes.

3   When you truly believe that you're going to be successful regardless of situation, regardless of the scoreboard, you're going to be successful.

4   Because you put in all the time, all the effort, all the hard work. And that's what we realized.

❶ 맞습니다. 저희는 경기 초반 천천히 시작했죠, 정말 천천히 말이죠. 그리고 그건 정말 괜찮습니다. 왜냐하면 살다 보면 천천히 시작할 때도 있으니까요. 괜찮습니다.

❷ 맞아요, 전반에는 저희가 완전히 밀렸어요. 거짓말하지 않겠습니다. 상대가 우릴 압도했어요. 하지만 저희는 이길 배짱과 태도를 갖추고 있었죠. 그거면 돼요.

❸ 여러분들이 진정으로 어떤 상황이나, 점수판과 상관없이 성공할 것이라는 것을 믿을 때, 비로소 여러분들은 성공할 것입니다.

❹ 왜냐하면 여러분들이 모든 시간과 노력 그리고 열정을 쏟아부었으니까요. 그것이 바로 저희가 깨달은 것입니다.

 Words & Phrases

1   **Guts** 용기, 배짱, 인내력

I want to take on new challenges, but at the same time I don't have the guts to walk away from a relatively well-paid job.
저는 새로 도전을 하고 싶으면서도 보수가 나름 후한 직장을 박차고 나갈 배짱이 없어요.

For some people, it takes a lot of guts to speak up in a meeting.
어떤 사람들에게는 회의 시간에 본인의 생각을 말하는 데 많은 용기가 필요합니다.

I had a gut feeling that something was off in my relationship, and as expected I caught my partner cheating before long.
저는 제 연인 관계에 뭔가 문제가 있다는 직감이 있었고, 예상대로 제 파트너가 바람을 피우는 것을 머지않아 잡았습니다.

신이 두려움 뒤에 숨겨 놓는 것

윌 스미스
스카이다이빙 명연설

God placed the best things in life on the other side of terror.

신은 인생에서 최고의 것들을
항상 두려움 뒤에 숨겨 놓습니다.

술김에 스카이다이빙을 예약해 버린 윌 스미스는 막상 스카이다이빙을 하는 전날이 되자 두려움에 밤잠을 이루지 못했습니다. 비행기에 올라 뛰어내릴 때까지 걱정이 가득했던 그는 뛰어내린 지 1초만에 깨닫습니다. 그렇게 두려워했던 스카이다이빙은 최고의 행복을 선사했고, 괜한 두려움 때문에 하루를 망쳤다는 것을 말이죠. 인생을 살아가면서 괜한 두려움에 떨기보다는 그 뒤에 숨겨진 것을 기대하며 살아간다면 하루라도 더 행복한 시간을 누릴 수 있지 않을까요?

1   You fall out of the airplane and in one second you realize that it's the most blissful experience of your life. You are flying. It doesn't feel like falling.

2   There's zero fear. You realize at the point of maximum danger is the point of minimum fear.

3   The lesson for me was everything up to the stepping out, there's actually no reason to be scared. It only just ruins your day.

4   God placed the best things in life on the other side of terror, on the other side of your maximum fear all of the best things in life.

❶ 여러분들은 비행기에서 뛰어내린 지 1초 만에 깨닫게 될 것입니다. 여러분 인생에서 가장 행복한 경험이라는 것을 말이죠. 날고 있습니다. 떨어지는 느낌이 아니죠.

❷ 두려움은 전혀 느껴지지 않습니다. 가장 위험한 순간에 두려움을 가장 적게 느낀다는 것을 깨닫게 되죠.

❸ 제가 배운 교훈은 모든 것들은 막상 겪고 나면 전혀 두려워할 필요가 없었다는 것입니다. 괜한 두려움은 당신의 하루를 망칠 뿐입니다.

❹ 신은 인생에서 최고의 것들을 항상 두려움 뒤에 숨겨 놓습니다. 즉 가장 두려운 순간은 가장 최고의 순간이 될 수 있다는 것이죠.

 Words & Phrases

1   **Blissful** 더없이 행복한

I had spent two blissful weeks away from work and just swimming, snorkeling, and relaxing in the Maldives.

저는 휴가를 내고 몰디브에서 수영, 스노클링, 휴식을 취하면서 더없이 행복한 2주를 보냈습니다.

I hope you have a blissful birthday weekend!

행복한 생일 주말 보내시길 바라요!

2   **Everything is up to** 모든 것은 ~에 달려 있다

I can't imagine how much pressure Olympic athletes will feel, as everything is up to few games.

모든 것이 불과 몇 경기에 불과하기 때문에 올림픽 선수들이 얼마나 압박감을 느낄지 상상이 안 됩니다.

Unit 067

이제 여러분들은 망했습니다

로버트 드 니로
2015 뉴욕대 예술 대학 졸업 축사

In the real world you'll never get straight As again.

현실에 발을 딛는 순간
올 A는 두 번 다시 없습니다.

로버트 드 니로는 역사상 가장 훌륭한 연기과 배우로 손꼽힐 만큼 할리우드를 대표하는 배우입니다. 그런 그가 연설을 시작하자마자 '여러분들은 이제 망했다'라고 이야기합니다. 그 이유는 바로 본인이 직접 겪은 차가운 현실을 학생들에게 알려 주고 싶었기 때문이었습니다. 사회에 나가면 수많은 거절의 문을 만나게 될 것이 뻔하지만 낙담하지 말고 '다음(Next)'으로 넘어가면 그만이라고 말이죠. 실패를 맞닥뜨렸을 때, 로버트 드 니로의 말을 떠올려 보세요. '다음(Next)!'

144

1 TISCH graduates, you made it! And you're fucked.

2 On this day of triumphantly graduating a new door is opening for you. A door to a lifetime of rejection. It's inevitable.

3 Did you get straight As at school? Good for you, congratulations, but in the real world you'll never get straight As again. There are ups and there are downs.

4 And what I wanted to say to you today is that's okay. You didn't get that part? That's my point, 'Next.' You'll get the next one or the next one after that.

❶ 뉴욕 예술대학 졸업생 여러분, 해내셨군요! 그리고 이제 망했습니다.

❷ 이 자랑스러운 졸업식 날 여러분에게 새로운 문이 열릴 겁니다. 평생 동안 겪게 될 '거절의 문'이죠. 누구도 피해 갈 수 없습니다.

❸ 학교에서 올 A를 받으셨다고요? 그렇다면 잘하셨습니다. 축하합니다. 하지만 현실에 발을 딛는 순간 올 A는 두 번 다시 없습니다. 오르막이 있으면 내리막도 있는 법입니다.

❹ 그리고 제가 오늘 하고 싶은 말은 '그래도 괜찮다'라는 것입니다. 배역을 따내지 못하셨다고요? 바로 그겁니다 '다음'. 다음번에 아니면 다음 다음번엔 배역을 얻을 겁니다.

 Words & Phrases

1 **Triumphantly** 위풍당당하게, 의기양양하게
LGBTQ allies and advocates triumphantly paraded through the street during the pride parade.
LGBTQ 지지자들과 옹호자들은 프라이드 퍼레이드 때 의기양양하게 거리를 행진했습니다.

The child triumphantly showed his mom his report card with straight A's.
아이는 전 과목 A를 받은 성적표를 엄마에게 의기양양하게 보여 주었습니다.

2 **Inevitable** 불가피한
Death is inevitable for everyone, no matter how hard we try.
아무리 애를 써도 죽음은 누구에게나 피할 수 없는 일이다.

저도 훈련하기 싫은 날이 있습니다

세레나 윌리엄스
나이키 광고

But there's no day that goes by that I feel like losing.

하지만 패배한 기분으로
그냥 흘려보내는 날은 절대로 없습니다.

테니스 여제로 불리는 세레나 윌리엄스는 남녀 통틀어 단 4명 뿐이라
는 커리어 골든 슬래머 중 한 명이며, 수많은 수상 경력을 가지고 있
습니다. 하지만 그녀도 처음부터 테니스를 잘했던 것은 아닙니다.
그런 그녀가 최고의 위치에 올라설 수 있었던 이유는 30년 동
안 단 하루도 연습을 쉬지 않았기 때문입니다. 보통 30세가 넘
은 선수들은 실력이 떨어져 고전하지만, 집념의 세레나 윌리엄
스는 30대 중반의 나이에도 세계 랭킹 1위를 유지하며 테니스
코트를 호령하고 있습니다.

1 I always felt like an underdog. I was really small for my age and I was Venus William's younger sister.

2 I always felt like I was just fighting to make it. I never felt I would be great one day.

3 Training every day for 30 years is difficult. Everyday I am sore, but that's the life I chose. So there's obviously days I don't feel like training.

4 But there's no day that goes by that I feel like losing.

① 저는 항상 패배자 같았습니다. 나이에 비해 체구도 작았고, 비너스 윌리엄스의 여동생일 뿐이었죠.

② 이기기 위해서는 항상 온 힘을 다해 싸워야 한다고 느꼈습니다. 저는 한번도 언젠가 훌륭한 선수가 될 것이라고 생각하지 못했습니다.

③ 30년 동안 하루도 빠짐없이 훈련하는 것은 힘든 일입니다. 매일 온몸이 쑤시지만, 이것이 제가 선택한 삶입니다. 분명히 훈련하고 싶지 않은 날도 있습니다.

④ 하지만 패배한 기분으로 그냥 흘려보내는 날은 절대로 없습니다.

 Words & Phrases

1 **Make it** (어떤 곳에 간신히) 시간 맞춰 가다; (모임 등에) 참석하다/가다' (자기 분야에서) 성공하다, 해내다

Because of the traffic jam, I don't think I can make it in time.
차가 막혀서 제시간에 못 갈 것 같습니다.

My manager couldn't make it to today's luncheon party, so she sent me instead.
제 매니저께서 오찬회에 참석을 하실 수 없어서, 저를 대신 보내셨습니다.

Many actors aspire to make it big in Hollywood.
많은 배우들이 할리우드에서 큰 성공을 거두기를 열망합니다.

쓸데없는 외부 소음을 차단하세요

데이비드 고긴스
인터뷰 ❶

We all have greatness.

우리는 모두
위대함을 가지고 있습니다.

세상에는 두 가지 유형의 사람이 있습니다. 다이어트에 실패하는 사람, 그리고 다이어트에 성공하는 사람. 다이어트에 실패하는 사람들은 대개 외부 소음에 민감하고 영향을 잘 받습니다. "충분히 날씬한데 무슨 다이어트야", "그 정도 운동했으면 충분해"라는 말에 다이어트를 포기하기 십상이죠. 하지만 다이어트에 성공하는 사람들은 자신 내면의 목소리에 집중합니다. 거울 속 자신의 모습을 겁내지 않고 마주합니다. 그리고 외부 소음을 차단한 채 목표를 향해 달릴 뿐입니다.

1   We live in an external world. You've got to take everything and throw it away. You have to believe in one thing and that is yourself.

2   Don't be afraid of the reflection in the mirror. Cause that's all you can be afraid of.

3   We are all great. No matter if you think you're dumb, no matter if you think you're fat, no matter if you're fat. No matter if you've been bullied, or whatever man.

4   We all have greatness. You got to find the courage to put your Bose headphones on, and silence the noise out of this world and find it.

❶ 우리는 외부 환경에 영향을 받으며 살아갑니다. 외부 환경적인 것들은 다 버려 버리세요. 이것 한 가지만 믿으세요. 바로 여러분 자신입니다.

❷ 거울 속 자신의 모습을 겁내지 마세요. 그것이 당신이 두려워하는 것의 전부이니까요.

❸ 우리는 모두 위대합니다. 당신이 스스로를 멍청하다고 생각하거나, 스스로를 뚱뚱하다고 생각하거나, 실제로 뚱뚱하거나, 따돌림을 당했거나, 뭐든지 간에.

❹ 우리는 모두 위대함을 가지고 있습니다. 우리는 용기를 찾아야만 합니다. 보스 헤드폰을 쓰고 외부 소음을 차단한 채, 자신 안의 위대함을 찾으세요.

  Words & Phrases

1   **Be afraid of** ~을 두려워하다
For the first couple of months after moving into the new apartment, I was afraid of the darkness and had to sleep with the lights on.
새 아파트로 이사한 후 처음 몇 달 동안은 어둠이 무서워 불을 켜고 자야 했습니다.

2   **No matter** ~하더라도, 무슨 일이 있어도
No matter how many compliments I gave her about her artwork, she doubted her talents.
그녀의 작품에 대해 제가 아무리 칭찬을 해도 그녀는 그녀의 재능을 의심했습니다.

I'm so frustrated because no matter how hard I try, I just can't lose weight.
아무리 애를 써도 살이 안 빠져서 너무 속상해요.

I'm going to solve this problem, no matter what.
저는 무슨 일이 있어도 이 문제를 반드시 해결하고 말 거예요.

동기 부여는 아무짝에 쓸모없습니다

데이비드 고긴스
인터뷰 ❷

Motivation
is crap.

동기 부여는
아무짝에 쓸모없습니다.

세상에서 가장 강한 남자로 불리는 데이비드 고긴스는 미 해군 특수부대 출신이자 울트라 마라톤 선수입니다. 하지만 그는 심장 질환이 있어 심장 기능의 75%밖에 사용하지 못합니다. 그런 그가 수백 km를 달리는 울트라 마라톤에 참가하기로 결심했던 이유는 바로 '목표'가 그를 주도했기 때문입니다. 그 목표는 바로 '우승 상금으로 전사한 동료들의 가족을 돕는 것'이었죠. 전사한 동료의 찢어진 옷을 걸치고 마라톤에 참가한 그는 몇 번의 실패 끝에 마침내 우승합니다.

1 I broke the Guinness World Record for most pull-ups a long time ago. But I failed at it twice. So to do 4,030 pull-ups, I had to do 67,000 for training for that.

2 What I realized is, for me to become the man I wanted to become, I saw myself as the weakest person God ever created. So I wanted to change that to be the hardest man ever created.

3 You had to have a goal. I was so driven. I'm not going to say motivated cause motivation is crap. Motivation comes and goes.

4 When you're driven, whatever's in front of you will get destroyed.

❶ 저는 오래 전에 턱걸이 기네스 세계 기록을 경신했습니다. 하지만 두 번의 실패가 있었죠. 결국 4,030개의 턱걸이를 하기 위해 연습으로 67,000번의 턱걸이를 해야 했습니다.

❷ 제가 깨달은 것은 내가 목표하고자 하는 사람이 되고자 한다면, 스스로를 신이 창조한 가장 연약한 사람이라고 생각해야 한다는 것이죠. 그래서 저는 가장 연약한 스스로를 위대하게 바꾸고 싶었습니다.

❸ 목표를 가져야 합니다. 목표가 저를 주도했습니다. 동기 부여를 말하는 것이 아닙니다. 동기 부여는 아무짝에 쓸모없습니다. 동기 부여는 왔다가 금방 사라지죠.

❹ 목표가 당신을 주도하게 될 때 눈앞에 있는 건 뭐든 파괴할 수 있는 힘이 생기는 것입니다.

1 **Break the record** 기록을 깨다
South Korea's Netflix Original Web series 'Squid game' has broken record by reaching 111 million users within 17 days of its release.
넷플릭스 오리지널 한국 웹드라마 '오징어 게임'이 공개 17일 만에 1억 1,100만 명이 시청하며 역대 최고 기록을 경신했습니다.

2 **Driven** 의욕이 넘치는
She is known as the most driven and diligent pianist in the campus. She practices piano 3 hours straight every night even after her day schedule.
그녀는 캠퍼스에서 가장 의욕이 넘치고 성실한 피아니스트로 알려져 있습니다. 그녀는 하루 일정이 끝난 후에도 매일 밤 3시간 연속 피아노 연습을 합니다.

코로나 때문에 다 망치셨다고요?

오프라 윈프리
2020 졸업 연설

There is so much uncertainty.

이 세상엔 엄청나게 많은
불확실성이 존재합니다.

코로나 전염병이 우리 모두의 삶을 예상치 못한 방향으로 바꿔 놓은
것은 사실이지만, 이미 우리 삶엔 엄청나게 많은 불확실성이 존재
합니다. 어쩌면 또 다른 전염병이 발생할 수도, 전쟁이 일어날 수도,
경제 위기가 찾아올 수도 있습니다. 이 모든 일들에 대해 예상하
지 못한 일이 일어났다며 불평만 하고 있을 수는 없습니다. 중
요한 것은 불확실한 상황 속에서도 평온함을 유지하는 것, 답
을 모르는 답답한 상황 속에서도 용기를 가지고 나아가는 것
입니다.

1 I wish I could tell you I know the path forward. I don't. There is so much uncertainty. In truth, there always has been.

2 What I do know is the same guts and imagination that got you to this moment 'all those things are the very things' that are going to sustain you through whatever is coming.

3 It's vital that you learn, and we all learn, to be at peace with the discomfort of stepping into the unknown.

4 It's really okay to not have all the answers. The answers will come for sure.

❶ 앞으로 나아갈 길을 알고 있다고 말씀드릴 수 있었으면 좋겠네요. 하지만 저도 모릅니다. 이 세상엔 엄청나게 많은 불확실성이 존재합니다. 사실 항상 그래 왔었죠.

❷ 다만 제가 알고 있는 것은, 여러분들을 이 자리에 있게 한 용기와 상상력이 앞으로 다가올 어떤 일이든 헤쳐 나갈 수 있게 지탱해 줄 중요한 요소라는 것이죠.

❸ 우리가 필수로 배워야 하는 것은, 미지에 세계에 발을 들여놓을 때 그 불안함 속에서도 평온함을 유지하는 것입니다.

❹ 모든 정답을 알고 있지 않다고 해도 정말 괜찮습니다. 정답은 언젠가 알게 되기 마련이니까요.

 Words & Phrases

1 **Sustain** (필요한 것을 제공하여) 살아가게 하다 / 유지하다
Astronomers have been searching for planets other than Earth that can sustain life.
천문학자들은 생명을 유지할 수 있는 지구 이외의 행성을 찾고 있습니다.

In order for a company to create and sustain business growth, it needs to regularly assess leadership and workplace culture.
회사가 비즈니스 성장을 창출하고 유지하려면 리더십과 직장 문화를 정기적으로 평가해야 합니다.

2 **Vital** 필수적인
It's vital everyone look after his or her physical and mental health.
모든 사람이 본인의 신체적, 정신적 건강을 돌보는 것이 중요합니다.

3 **Be at peace (with)** ～와 사이좋게; 평온하다
He is feeling at peace with the world and himself recently.
그는 최근 세상과 그리고 자기 스스로에 대해 마음이 편안해지고 있습니다.

Unit 072

일진에게 괴롭힘을 당했나요?

데런 테이
2016 세계 말하기 대회

You can not run away from the bully here.

여러분은 여러분 내면의
일진으로부터 도망칠 수 없습니다.

세계 말하기 대회(World Champion of Public Speaking) 2016년 우승자인
데런 테이는 학창 시절 괴롭힘을 당하며 교복 위에 팬티를 입는 등
수모를 겪었습니다. 학교를 졸업한 후 괴롭
힘에서 벗어날 수 있었지만, 사실 정말 중요한
것은 마음속에서 스스로를 괴롭히는 내면의 일진이라
는 것을 깨닫게 되죠. 즉, 학창 시절의 일진에게서는 벗어날 수 있을지
몰라도 우리 내면의 일진에게는 도망칠 수 없는 것입니다. 오직 당당하
게 맞서 그 존재를 인정하는 방법뿐이죠.

1 "Hey loser! How do you like your new school uniform? I think it looks great on you." Those were the words of my high school bully, Greg Umberfield.

2 My aunt gave me words of wisdom. She said, "The way to deal with bully is not to hide or run, the way to deal with bully is to outsmart and outlast."

3 The best way to deal with inner bullies is not to run or hide. You can not run away from the bully here.

4 The best way to deal with it is to stand firm, face it and acknowledge its presence. When you do so, you are no longer identifying with it.

❶ "어이 루져! 너의 새 학교 유니폼이 어떠니? 내 생각엔 잘 어울리는 것 같은데." 이 말은 고등학생 시절 저를 괴롭혔던 일진 그렉 엄버필드가 제게 한 말입니다.

❷ 저희 이모는 저에게 지혜의 말씀을 해 주셨죠. 그녀는 "일진을 다루는 방법은 숨거나 도 망치는 것이 아니란다. 일진을 다루는 가장 좋은 방법은 그들보다 한수 앞서서 더 오래 버티는 것이란다"라고 말씀해 주셨습니다.

❸ 우리 마음속 내면의 적을 상대하는 최고의 방법은 숨거나 도망치는 것이 아닙니다. 당 신은 내면의 일진으로부터 도망칠 수 없습니다.

❹ 이 적을 다루는 최고의 방법은 바로, 딱 버티고 서서, 정면으로 맞서고, 그 존재 자체를 인정하는 것입니다. 만약 그렇게 하신다면, 더 이상 자신 스스로와 내면의 두려움을 동 일시하지 않아도 됩니다.

1 **Deal with** 처리하다; 다루다

I'm having difficulty dealing with moody clients.
저는 기분 변화가 심한 고객을 상대하는 데 어려움을 겪고 있습니다.

He went back to the office after dinner to deal with unfinished projects.
그는 못 끝낸 프로젝트를 처리하기 위해 저녁 식사 후에 사무실로 복귀했습니다.

2 **Stand firm** 단단히 서다; 단호한 태도를 보이다

Throughout the summit, EU stood firm on EU interests and values.
정상회담 내내 EU는 EU의 이익과 가치에 대해 확고한 입장을 취했습니다.

Human rights activists urged UN Human Rights Council to stand firm in addressing human rights violations occurring in several countries.
인권 운동가들은 유엔 인권 이사회가 여러 국가에서 발생하는 인권 침해 문제에 대해 단호하게 대처할 것을 촉구했다.

최고의 모습은 당신다운 것입니다

드웨인 존슨
OWN 인터뷰

The most powerful thing you can be is yourself.

당신이 될 수 있는 가장 최고의 모습은
바로 당신다운 모습입니다.

드웨인 존슨은 성공한 영화 배우로 많이 알려져 있지만 배우가 되기 전
'더 락'이라는 이름의 프로 레슬러였습니다. 하지만 그런 그도 레슬러
데뷔 초기에는 억지로 만들어 낸 캐릭터로 인해 미움을 받으며 어
려움을 겪기도 했습니다. 그 힘든 시간 속에서 그는 깨달았습
니다. 관중들이 미워했던 모습은 자신이 아닌 자신이 꾸며 낸
가짜 모습이었다는 것을 말이죠. 다시 관중들에게 솔직함을
어필한 '더 락'은 그 이후 승승장구하여 최고의 인기를 누리는
프로 레슬러가 됩니다.

1 That night, 20,000 fans started chanting "Rocky sucks." It was sobering moment. I came to the realization before I went back that it wasn't me that they didn't like.

2 It was that I wasn't being me. I wasn't being real, wasn't being authentic. And the greatest lesson about that is, BE YOU, BE YOURSELF.

3 Whether it's in entertainment, whether it's out in public, whether you're a celebrity or not, whatever.

4 The most powerful thing you can be is yourself.

❶ 그날 밤, 2만 명의 팬들이 야유하기 시작했죠. "록키는 재수 없어."라고요. 정신이 번쩍 드는 순간이었습니다. 다시 복귀하기 전 저는 사람들이 싫어했던 것은 진짜 제 모습이 아니라는 것을 깨달았습니다.

❷ 그것은 솔직하지 못한 제 모습이었죠. 저는 진짜가 아니었고, 가식적이었습니다. 그리고 이 일을 통해 배운 최고의 교훈은 바로, "당신으로 사세요", "당신답게 사세요"라는 것입니다.

❸ 연예계 생활을 하든, 대중들 앞에 서든, 당신이 유명 인사든지 그렇지 않든, 무엇이든지 간에.

❹ 당신이 될 수 있는 가장 최고의 모습은 바로 당신다운 모습입니다.

 Words & Phrases

1 **Sobering** 번쩍 정신이 들게 하는, 진지하게 만드는
Nation's high unemployment rate is sobering.
국가의 높은 실업률은 정신을 번쩍 들게 할 정도입니다.

COVID-19 has revealed sobering reality of socio-economic disparity across the world.
코로나 19는 전 세계적으로 사회 경제적 불평등의 심각한 현실을 드러냈다.

2 **Authentic** 진품인; 진짜인, 정화한
Can you recommend me some authentic Mexican restaurants in Seoul?
서울에 현지 맛을 내는 멕시칸 음식점 좀 추천해 주실 수 있을까요?

More and more travelers are wanting to experience authentic local lifestyle and culture beyond sightseeing major tourist destinations.
주요 관광지를 관광하는 것을 넘어 진정한 현지인의 삶과 문화를 경험하고자 하는 여행객들이 늘어나고 있습니다.

처음부터 노래를 잘하지 않았습니다

존 레전드
칸 아카데미 인터뷰

You can get better at things and you can grow.

당신은 더 잘할 수 있고,
더 성장할 수 있습니다.

존 레전드를 알게 된 계기는 'All of Me'라는 노래를 통해서였습니다. 멋진 음색과 소울 넘치는 목소리에 빠져들어 모든 앨범을 다 들었습니다. 그리고 훗날 이 인터뷰를 보았을 때 매우 놀랄 수밖에 없었습니다. 미국 최고 싱어송라이터인 그가 6년 동안 음반 계약을 맺지 못해 무명인 채로 떠돌았다는 것은 믿기 힘든 이야기였죠. 심지어 노래 실력이 타고난 것이 아니라 연습을 거듭해 발전시킨 것이라고 하니, 최고의 자리에 서기 위해서 얼마나 많이 노력했는지 느끼게 됩니다.

1 I've been unsuccessful in my career. You just didn't know about it, because I wasn't famous yet and I was trying to be famous.

2 I was trying to get a record deal for six years. And I kept getting turned down. And any successful person you know, even though it seems like everything just happened for them, it usually was preceded by a bunch of failure, at least a significant amount.

3 The idea that, 'oh he is just a good singer', you know? But even with singing, I've gotten better at singing as I've gotten older. And this idea that things are just fixed is proven not to be the case.

4 You can get better at things and you can grow.

① 저도 제 커리어에서 어려웠던 시절이 있었습니다. 여러분은 모르셨겠죠. 왜냐하면 제가 유명해지기 전이고, 유명해지려고 노력하는 중이었으니까요.

② 저는 음반 계약을 맺기 위해 6년 동안 노력했습니다. 그리고 계속해서 거절당했습니다. 여러분들이 알고 있는 성공한 사람들은 모든 일이 순조롭게 풀린 것 같아 보이지만 보통은 성공하기까지 꽤 많은 실패를 합니다. 적어도 엄청난 양의 실패를 말이죠.

③ 저 사람은 원래 노래를 잘하는 사람이야라고 생각하겠지만, 노래 실력의 경우, 나이가 들수록 노래 실력도 늘었습니다. 즉, 무언가가 이미 정해져 있다는 생각은 사실이 아니었습니다.

④ 당신은 더 잘할 수 있고, 더 성장할 수 있습니다.

 Words & Phrases

1 **Turn down** 거절하다

I wasn't available that day so I had to turn down an invitation for dinner as politely as I could to not offend the host.

저는 그날 다른 일이 있어서 호스트의 기분을 상하게 하지 않게 최대한 정중하게 저녁 초대를 거절해야 했습니다.

Everyone was shocked to hear that he turned down the job offer from a well-known tech company.

그가 유명한 기술 회사의 제안을 거절했다는 소식을 듣고 모두는 충격을 받았습니다.

2 **Be preceded by** ~을 앞세우다

At her promotion celebration party, first few shots were each preceded by a toast from her friends.

그녀의 승진 축하 파티에서 첫 몇 잔은 친구들의 건배사 뒤에 이어졌다.

아델을 뛰어넘고 싶은 에드 시런

에드 시런
NBC 인터뷰

If you don't aim for the top of the mountain, how are you ever going to get halfway?

산 정상을 목표로 하지 않는다면,
어떻게 중턱까지라도 올라갈 수 있겠습니까?

영국의 천재 싱어송라이터 에드 시런은 사실 어린 시절 의료 사고 때문에 청각 장애, 사시 현상, 말더듬 증상이 있었습니다. 이로 인해 학창 시절 친구들에게 왕따를 당하기 일쑤였습니다. 이런 에드 시런에게 유일한 친구는 바로 음악이었습니다. 그는 친구들 앞에서 기타를 메고 공연을 하며 왕따를 이겨냈고, 힙합 가수 에미넴 앨범의 모든 가사를 외워 가며 말더듬 증상을 고쳤습니다. 어려움을 극복하는 법을 배운 에드 시런은 항상 산 정상을 목표로 하는 사람이 되었습니다.

1   Interviewer: You want to overtake Adele, in terms of record
    sales?

2   Ed Sheeran: Yeah, I feel like me saying this—a lot of people were
    like, "That's such an arrogant thing to say" and bla bla blah.

3   I think you need to choose someone that's at the top. I probably
    won't sell 20 million records. And I probably won't ever be as big
    as Adele.

4   But if you don't aim for the top of the mountain, how are you
    ever going to get halfway?

---

❶ 인터뷰어: 아델을 뛰어넘으시겠다고 하셨죠. 음반 판매량에서 말이죠.

❷ 에드 시런: 네, 제가 그런 이야기를 하면, 많은 분들께서 "굉장히 거만한 발언이다" 등의
   이야기를 했죠.

❸ 저는 최고의 자리에 있는 사람을 택해야 한다고 생각합니다. 제가 2천만 장의 음반을 판
   매하지는 못할 것이고, 아델만큼의 인기가 생기지도 않을 것입니다.

❹ 하지만 산 정상을 목표로 하지 않는다면, 어떻게 중턱까지라도 올라갈 수 있겠습니까?

 Words & Phrases

1   **Overtake** 추월하다, 앞지르다

    The driver accelerated to overtake two cars in front of him.
    운전사는 앞에 있는 두 대의 차를 추월하려고 속도를 높였다.

    Nobody in the office can overtake her PowerPoint designing skill.
    사무실에서 그녀의 파워포인트 디자인 기술을 따라갈 수 있는 사람은 아무도 없습니다.

2   **Arrogant** 오만한

    I really can't stand his arrogant and rude personality.
    저는 그의 오만하고 무례한 성격을 참을 수가 없습니다.

    Many scientists claim that it would be arrogant to think that humans are the
    only intelligent beings in the universe.
    많은 과학자들은 인간이 우주에서 유일한 지적 존재라고 믿는 것은 오만한 생각이라고 주장합니다.

회복하는 날을 찾기 전에

데이비드 고긴스
동기 부여 연설 **①**

Work out first.

운동부터 하세요.

우리가 헬스장에서 몸을 만드는 데 실패하는 이유는 단백질 보충이 부족해서가 아닙니다. 시간이 없어서도 아니고, 밥을 잘 챙겨 먹지 않아서도 아니고, 휴식을 제대로 하지 않아서도 아닙니다. 우리가 실패하는 가장 큰 이유는 '운동량이 부족해서'입니다. 겨우 한 시간 운동하고 단백질 보충제를 찾고 또 충분한 휴식을 찾습니다. 네, 맞습니다. 제 이야기입니다. 여러분들도 비슷한 경험이 있으시다면 데이비드 고긴스의 말처럼 '치팅 데이'를 찾기 전에 운동부터 합시다.

1   Everybody that hears me speak they want to go straight to recovery. Work out first.

2   We wanna talk so soft to ourselves. We're looking for that recovery day and that recovery day is everything in your life.

3   Everything in your life is a recovery day. We're looking for it. It's not coming! Get over the recovery day.

4   When you start to build yourself up and start to have the one thing that, we don't have, is confidence. Real authentic confidence from hard work.

① 제 이야기를 듣는 모든 사람들은 바로 '회복하는 법'부터 배우려고 합니다. 운동부터 하세요.

② 우리는 스스로에게 너무 관대하게 이야기합니다. 회복하는 날부터 찾고 있죠. 회복하는 날이 마치 인생의 전부인 것처럼 말이죠.

③ 인생의 모든 부분에서 쉬어 가려고 하고, 학수고대하죠. 그런 날은 오지 않습니다. 회복하는 날은 그만 잊어버리세요.

④ 그렇게 자기 자신을 차근차근 쌓아 올려갈 때, 우리에게 없던 한 가지가 생겨나기 시작합니다. 바로 자신감입니다. 노력을 통해 얻어지는 진정한 자신감이죠.

 Words & Phrases

1 **Go straight (to somewhere)** 곧장, 바로

I was so exhausted that I went straight to bed after I got home.
너무 피곤해서 집에 오자마자 바로 잠자리에 들었다.

Since we don't have much time today, I'll go straight to the point.
오늘은 시간이 많지 않으니 바로 본론으로 들어가겠습니다.

2 **Get over** ~을 넘다; [곤란을] 극복하다; 잊다

I just can't get over the fact that our team lost by 1point.
우리 팀이 승점 1점 차로 졌다는 사실을 잊을 수가 없다.

You should get over your past mistakes. You learned your lessons so you will do better next time!
과거의 실수를 극복해야 합니다! 배운 점이 있으니 다음에는 더 잘할 것입니다!

Unit 077

스스로의 모습을 매일 마주하세요

데이비드 고긴스
동기 부여 연설 ❷

You cannot judge yourself. That's why social media, all these things are horrible.

스스로를 비교하여 판단하지 마세요.
그것이 바로 소셜 미디어와 같은 것들이 최악인 이유입니다.

두 명의 신입 사원이 있습니다. A 사원은 좋은 대학교를 나오진 못했지만 스스로 부족한 부분을 인정하고 주말에 영어 학원을 다녔으며, 선배들에게 질문하는 것을 두려워하지 않았습니다. 반면 B 사원은 해외 명문대를 나왔고 영어도 능통했기 때문에 항상 A 사원과 같이 입사했다는 것을 못마땅했고, 마음속으로 그를 무시했습니다. 그리고 남들보다 영어를 잘한다는 우월감 때문에 다른 업무는 대체로 소홀히 했죠. 5년이 흐른 뒤 이 두 신입 사원은 어떻게 되었을까요?

164

1   I have to be honest with you, man. I'm even shaking right now being on the show. I'm a big time introvert. How you address it is you face it. You face it every day.

2   "I'm fat," "I don't like myself." Accepting the fact if you lose 3 or 4lb, that's a huge accomplishment.

3   You cannot judge yourself. That's why social media, all these things are horrible. You can't judge yourself off of the so-called competition that we have made up in our mind.

4   This is a race that you run completely alone, and you're all by yourself.

❶ 솔직하게 말씀드리겠습니다. 저는 지금 이 토크 쇼에 나와서 엄청나게 떨립니다. 저는 매우 내성적인 사람입니다. 우리는 우리가 문제를 받아들이는 방식대로 그것과 마주하게 됩니다. 매일 문제를 마주하세요.

❷ '나는 뚱뚱해', '뚱뚱한 내 모습이 마음에 들지 않아'라고 말합니다. 그것을 받아들이고 1~2kg이라도 감량하게 된다면, 그것만으로도 엄청난 성과입니다.

❸ 스스로를 비교하여 판단하지 마세요. 그것이 바로 소셜 미디어와 같은 것들이 최악인 이유입니다. 스스로를 판단하지 마세요. 마음속으로 정해둔 상대와 소위 '경쟁하듯' 말이죠.

❹ 인생은 철저하게 혼자 뛰는 경주와 같습니다. 당신은 완전히 혼자란 말입니다.

Words & Phrases

1   **Big time**   대규모로, 대단히
    I am panicking because I've messed up big time.
    저는 일을 엄청나게 망쳐 놓아서 공황 상태에 있습니다.

    I owe you big time.
    당신에게 큰 신세를 졌네요.

2   **Make (something) up**   지어내다 / 만들어내다
    I could tell that she was making up excuses to cancel our dinner plan at the last minute.
    저는 그녀가 우리의 저녁 약속을 마지막 순간에 취소하기 위해 핑계를 대고 있다는 것을 알 수 있었습니다.

    You shouldn't believe everything he says. He always makes up stories.
    그의 말을 모두 믿으면 안 됩니다. 그는 항상 이야기를 지어냅니다.

그럭저럭 하고 싶지 않았습니다

데이비드 고긴스
동기 부여 연설 ❸

You can outwork anybody, no matter how badass they are.

노력하면 누구든 이길 수 있습니다.
상대가 얼마나 잘났든 간에 말이죠.

데이비드 고긴스는 턱걸이 세계 기네스 기록 보유자입니다. 앉은 자리에서 4,030개의 턱걸이를 해내며 기네스 기록을 세웠습니다. 그는 4,030개의 턱걸이를 해내기 위해서 67,000개의 턱걸이를 연습했다고 말했습니다. 하지만 이 기네스 기록을 세우기까지 두 번 실패했습니다. 첫 번째는 2,500개를 했을 때쯤 오른쪽 손목을 다쳐서였고, 두 번째는 3,200개쯤 했을 때 손바닥이 찢어져서였죠. 이것이 그가 세상에서 가장 강한 남자로 불리는 이유입니다.

1 You're not smart and you have a disability. And you still want to be at the top of your class. I didn't want just to get by!

2 When I realized that I can learn, do hard work and I can beat the valedictorian at school, but I got to put in 10 hours more a day than he does. You know what kind of strength comes from that?

3 "I am dumb. But I have the work ethic to catch you." That's where David Goggins got really invented.

4 You realize through hard work. You can outwork anybody, no matter how badass they are.

① 당신은 똑똑하지 않고, 학습 장애가 있습니다. 하지만 여전히 반에서 1등이 되고 싶어 합니다. 저는 그럭저럭 하고 싶지 않았습니다.

② 저도 배울 수 있다는 것을 깨달았을 때, 열심히 노력했고 졸업생 대표도 이길 수 있었습니다. 하지만 그보다 10시간 더 많이 공부해야 했죠. 어디서 그런 힘이 나오는 줄 아십니까?

③ "나는 멍청해. 하지만 널 따라잡을 집념을 가지고 있지"라는 생각, 거기서 바로 데이비드 고긴스가 만들어졌습니다.

④ 노력을 통해서만 깨달을 수 있습니다. 노력하면 누구든 이길 수 있습니다. 상대가 얼마나 잘났든 간에 말이죠.

Words & Phrases

1 **Get by (in, on, with)** 지나가다; 잘 빠져 나가다; 그럭저럭 헤어나다
Before he became a famous actor, he worked multiple jobs to get by.
그는 유명한 배우가 되기 전에, 그는 어떻게든 살아가기 위해 여러 일을 했습니다.

I can't get by even a single day without coffee.
저는 커피 없이는 단 하루도 지낼 수 없어요.

How did you even get by with knowing little?
어떻게 거의 아는 것도 없이 빠져 나가신 거예요?

2 **Put in** (많은 시간/노력을) 쏟다, 들이다
You shouldn't expect good results without putting in much effort.
많은 노력을 기울이지 않고 좋은 결과를 기대해서는 안 됩니다.

우리는 언제나 위기를 마주하지만

도널드 트럼프
2019 공군 사관학교 졸업 연설

Conquer mind, conquer all.

마음을 정복하면,
모든 것을 정복한다.

현장에 있던 사관생도 1,000명의 전투력을 단숨에 끌어
올린 트럼프 전 대통령의 자신감 넘치는 졸업 연설입
니다. 졸업 연설을 위해 직접 학교를 찾아온 트럼프
는 군인 월급 인상 계획을 깜짝 발표하고, 졸업하는
모든 사관생도들과 악수를 하기로 결정하는 등 멋진
사령관의 모습을 보여 줌으로써 사관생도들의 폭발적인 환호
를 얻었습니다.

1 The heroes and legends of every generation have always had to confront new perils and defeat new dangers.

2 No one can foresee all of the challenges this class will face, but we do know that, with absolute certainty, you are going to be ready to serve. You are going to be aiming at the absolute highest point. And you are ready to "Fly, fight, and win." Always win. Always.

3 You exemplify the grit, the guts, and the grace that make America's Air Force, by far, the best in the world.

4 And in the words of your class motto, "Conquer mind, conquer all."

❶ 모든 세대의 영웅과 전설들은 언제나 새로운 위기를 마주해야 했고, 새로운 위험을 물리쳐야 했습니다.

❷ 어느 누구도 이번 졸업생들이 마주하게 될 모든 도전을 예견할 수 없을 것입니다. 하지만 우리가 확실히 알고 있는 것은, 여러분들이 복무할 준비가 되었다는 것, 최고의 지점을 목표로 할 것이라는 것, 그리고 하늘을 날아 싸워 이길 준비가 되었다는 것이죠. 언제나 승리합니다. 언제나.

❸ 졸업생 여러분들이 보여 주는 투지, 배짱, 품위는 단연코, 미 공군을 세계 최고로 만들고 있습니다.

❹ 그리고 여러분 학교 교훈도 그걸 증명하죠. "마음을 정복하면, 모든 것을 정복한다."

1 **Peril** 위험

Multiple waves of COVID-19 have put many small travel agencies in peril.

수차례의 코로나 19 대유행이 많은 소규모 여행사를 위험에 빠뜨렸습니다.

People who are hiking in the rain do so at their own peril.

비 오는 날에 등산을 하는 사람들은 위험을 무릅쓰고 하는 겁니다.

2 **Grit** 투지, 용기, 기개

I admire her grit. She not only has solid work ethic, but also passion and perseverance to follow through her goals.

저는 그녀의 투지를 존경합니다. 그녀는 확고한 직업 윤리뿐만 아니라 목표를 달성하기 위한 열정과 끈기도 가지고 있습니다.

코로나를 견뎌 낸 모두가 모범 사례

코난 오브라이언
2020 하버드 대학교 졸업 연설

You are remarkable examples to my children.

여러분들은 제 아이들에게
놀라운 모범 사례입니다.

항상 재치 넘치는 미국 유명 MC 코난 오브라이언은, 코로나 19로 인해 사상 최초로 온라인으로 진행된 하버드 대학교 졸업 연설에서도 그 상황을 풍자하며 코미디 쇼를 방불케 하는 개그를 쏟아냈습니다. 하지만 이런 어려운 여건 속에서도 온라인 수업을 하는 등 어떻게든 졸업을 해낸 졸업생들을 치켜세우며 그들의 혼란스러운 마음을 잡아 주었습니다. 졸업생들뿐만 아니라 각자의 위치에서 예상치 못한 어려움을 극복하고 회복력을 보여 준 우리 모두가 모범 사례 아닐까요?

1 Now cynics like to mock the supposedly spoiled or callow youth of the new millennia. But you have seen and survived so much.

2 And one way or the other, your hard-won resilience has gotten you here, today, to your TV, or phone, or tablet, or smartwatch, to graduate from Harvard, come hell or high water.

3 As the father of two teenage children, I look at all you've achieved in a frightful world, and it gives me great hope.

4 You are remarkable examples to my children of how to be smart, brave, and yes, resilient in a scary world.

❶ 부정적인 사람들은 여러분 밀레니엄 세대를 응석받이나 애송이로 취급해 버리곤 합니다. 하지만 여러분들은 많은 일을 겪었고 또 살아남아 왔습니다.

❷ 이렇게 어떤 식으로든, 어렵게 얻어 낸 그 회복력이 여러분들을 오늘 여기로 이끌었습니다. 여러분의 TV, 핸드폰, 태블릿, 스마트워치 앞으로요. 어떠한 난관 속에서도 하버드 졸업식을 치르기 위해서 말이죠.

❸ 10대 자녀 둘을 둔 아버지로서, 여러분들이 이 끔찍한 세상에서 이룬 것들을 모두 보았습니다. 그리고 그것은 저에게도 큰 희망을 줍니다.

❹ 여러분들은 제 아이들에게 놀라운 모범 사례입니다. 어떻게 똑똑해지고, 용감해질 수 있는지, 그리고, 어떻게 회복할 수 있는지를 보여 주었죠. 이 무서운 세상에서 말입니다.

 Words & Phrases

1 **Callow** 미숙한, 풋내기인

You were not experienced from the get-go as well! Don't just look down on them as callow newcomers but support them with patience and understanding.

당신도 처음부터 경험이 많았던 건 아니지 않습니까! 그들을 미숙한 새내기로 무시하지만 말고 인내와 이해로 지원해 주세요!

2 **Come hell or high water** 무슨 일이 있어도

We must finish this project, come hell or high water.

우리는 무슨 일이 있어도 이 프로젝트를 꼭 끝내야 합니다.

두려운 일이 일어날까 겁나나요?

코난 오브라이언
2011 다트머스 대학교 졸업 연설 ❶

There are few things more liberating in this life than having your worst fear realized.

인생에서 최고의 자유로움을 느끼는 몇 안 되는 순간은
가장 두려워하던 일이 실제로 일어났을 때입니다.

엄청난 인기몰이를 하며 17년간 NBC 토크 쇼 진행자로 일해 왔던
코난 오브라이언은 방송국의 정치 싸움으로 하루아침에 그 직업
을 잃게 되었습니다. 그러자 그는 동료들과 순회 공연을 다니
며 스탠드업 코미디를 하는 등 본인이 하고 싶은 일을 마
음껏 했습니다. 그리고 그 과정에서 비로소 진정한 자
유로움을 느끼게 되었다고 합니다. 우리도 어쩌면 스
스로 성공을 일방적으로 정의해 놓고 그 성공 이외의
것들을 실패로 치부하며 두려워하고 있는 것은 아닐까요?

1   I dove into the world of social media. I started tweeting my comedy. I threw together a national tour. I played the guitar. I did stand-up, wore a skin-tight blue leather suit, recorded an album, made a documentary.

2   I did a lot of silly, unconventional, spontaneous and seemingly irrational things.

3   But I have never had more fun, been more challenged—and this is important—had more conviction about what I was doing.

4   How could this be true? Well, it's simple. There are few things more liberating in this life than having your worst fear realized.

❶ 저는 소셜 미디어의 세계로 뛰어들었고, 제 개그를 트위터에 올리기 시작했습니다. 함께 전국 투어를 떠났으며, 기타를 연주했고, 스탠드업 코미디를 했습니다. 꽉 끼는 파란색 정장을 입고요. 앨범을 만들었고, 다큐멘터리를 찍었죠.

❷ 저는 우스꽝스럽고, 파격적이고, 즉흥적이고, 비이성적으로 보이는 일들을 많이 했습니다.

❸ 하지만 저는 이때만큼 더 즐겁고, 더 도전적이고, 이 부분이 중요한데요, 더 확신을 가졌던 적이 없었습니다. 제가 하는 일에 대해서 말이죠.

❹ 어떻게 그럴 수 있을까요? 사실 간단합니다. 인생에서 최고의 자유로움을 느끼는 몇 안 되는 순간은 가장 두려워하던 일이 실제로 일어났을 때입니다.

1   **Unconventional**   관습에 얽매이지 않는, 색다른, 독특한
Teammates at first felt uncomfortable with the manager's unconventional approach to the problem, but later thanked him for cultivating autonomy at work.
팀원들은 처음에는 매니저가 파격적인 방식으로 문제를 접근하는 것에 대해서 불편하게 여겼지만 나중에는 직장에서 자율성을 배양해 줘서 감사했습니다.

2   **Seemingly**   겉보기에는, 보아하니
She was getting exhausted with a seemingly endless journey.
그녀는 끝이 없어 보이는 여정에 지쳐가고 있었습니다.

3   **Conviction**   신념, 확신
These experiences reinforced her conviction that meditation helps mental health.
이러한 경험은 명상이 정신 건강에 도움이 된다는 그녀의 확신을 강화했습니다.

173

꿈은 끊임없이 진화합니다

코난 오브라이언
2011 다트머스 대학교 졸업 연설 ❷

No specific job or career goal defines me.

어떤 특별한 직업이나 목표가 저를 정의할 수 없습니다.

코난 오브라이언의 말처럼, 뒤돌아보면 저 역시 22세의 꿈과 32세의 꿈이 너무나도 다릅니다. 더 나이가 들어 42세가 되면 또 꿈이 바뀌겠죠. 이렇게 나이가 들면서 꿈이 바뀌는 것은 우리 스스로가 바뀌고 진화하고 있다는 뜻이며 물 흐르듯 매우 자연스러운 일입니다. 목표하던 특정 직업이나 목표를 이루지 못하거나 바뀌었다고 해서 우리가 실패했다고 정의하기는 어렵습니다. 우리는 끊임없이 진화하며 또 다른 목표를 세울 테니까요.

1   Your path at 22 will not necessarily be your path at 32 or 42. One's dream is constantly evolving, rising and falling, changing course.

2   So, at the age of 47, after 25 years of obsessively pursuing my dream, that dream changed.

3   For decades, in show business, the ultimate goal of every comedian was to host *The Tonight Show*. It was the Holy Grail, and like many people I thought that achieving that goal would define me as successful.

4   But that is not true. No specific job or career goal defines me, and it should not define you.

❶   22세 때 여러분이 꿈꾸던 길은, 32세, 42세 때와 같을 필요가 없습니다. 사람의 꿈은 끊임없이 진화합니다. 올라가기도 내려가기도, 방향을 바꾸기도 합니다.

❷   그래서 지금 47세의 나이로, 25년 동안 강박적으로 밀어붙였던 저의 꿈, 그 꿈은 바뀌었습니다.

❸   수십 년간, 쇼 비즈니스 세계에서 저의 궁극적인 꿈은 항상 'The Tonight Show'의 진행자였죠. 그것은 성배였습니다. 그리고 많은 사람들이 그랬던 것처럼 저는 그 목표를 이루는 것이 제가 성공하는 길이라고 정의했습니다.

❹   하지만 그것은 사실이 아닙니다. 어떤 특별한 직업이나 목표가 저를 정의할 수 없고, 여러분들을 정의할 수도 없습니다.

 Words & Phrases

1   **Obsessively** 집요하게, 강박적일 정도로
He obsessively worked day and night to save up money for his mother's surgery.
그는 어머니의 수술비를 마련하기 위해 밤낮없이 일했습니다.

2   **Holy Grail** 성배 (중세의 전설로, 그리스도가 최후의 만찬에서 사용했다는 술잔으로서 기적의 힘을 지닌 것으로 묘사); 최종 목표 및 야망
Full automation (Level 5) is the holy grail of self-driving car technology.
완전 자동화(레벨 5)는 자율 주행차 기술의 성배입니다.

빌보드 TOP 100을 가장 많이 한 가수

드레이크
2013 CBS 인터뷰

I don't want to be number two.

저는 2등이 되고 싶지 않으니까요.

캐나다 출신 래퍼 드레이크는 '빌보드 TOP 100을 가장 많이 차지한 가수'입니다. 그는 25세까지 250억 원을 벌겠다는 목표를 세웠고 실제로 이를 이뤄냈습니다. 그리고 29세까지 2,500억 원을 벌겠다는 다음 목표를 세웠는데, 그의 성공을 바탕으로 추산해 보건대 아마도 목표를 이뤄내지 않았을까 싶습니다.

1   Interviewer: I mean whether they're being duplicitous or not is the answer, they don't publicly say "I want to be number one." You're not afraid to say that. Um, tell me why?

2   Drake: Well, I don't want to be number two. I think that would be a weird thing to sit here and say "I don't care."

3   I've sacrificed so much for it already and dedicated so much of my time that I have to push it as far as I possibly can.

4   I want to make this city proud you know. That's a main reason for me. I hate numbers, by the way, you know. Um, I like to say I just want to win.

❶ 인터뷰어: 제 말은, 그들이 이중적인 답변을 했든 그렇지 않든 간에 공개적으로 이렇게 이야기하지는 않습니다. "제가 1등이 되고 싶습니다"라고 말이죠. 당신은 그렇게 말하는 것을 두려워하지 않네요. 음, 이유를 말씀해 주시겠습니까?

❷ 드레이크: 글쎄요, 저는 2등이 되고 싶지 않으니까요. 여기 앉아서 "저는 순위는 상관하지 않아요"라고 말하는 것이 이상하다고 생각합니다.

❸ 저는 이미 성공을 위해 너무 많은 것을 희생했고 엄청난 시간을 바쳤기 때문에 가능한 한 최대한 밀어붙여야 한다고 생각합니다.

❹ 저는 이 도시(토론토)를 자랑스럽게 만들고 싶습니다. 그게 저의 주된 이유인 것 같아요. 저는 순위 매기는 것을 싫어합니다. 그저 이기고 싶다고 말하는 것을 좋아하죠.

1   **Not afraid to**   두려워하지 않는다; 겁내지 않는다
He is usually the devil's advocate in our team. He is not afraid to present alternative perspective and challenge others' thought processes.
그는 우리 팀에서 주로 건설적인 비판자이다. 그는 다른 관점을 제시하고 다른 사람들의 사고방식에 이의를 제기하는 것에 두려워하지 않는다.

2   **Dedicate**   (시간과 노력을) 바치다, 전념하다
National sports team athletes have dedicated themselves to sports.
국가 대표 선수들은 운동을 위해 자신을 바쳐 왔습니다.

Group of volunteers dedicated their time and talents to after school programs.
자원봉사자들은 방과 후 프로그램에 본인의 시간과 재능을 바쳤습니다.

177

Unit 084

꿈을 좇지 마세요

크리스토퍼 놀란
2015 프린스턴 대학교 졸업 연설

I don't want you to chase your dreams.

저는 여러분들이
꿈을 좇지 않았으면 합니다.

크리스토퍼 놀란은 본인 영화의 거의 모든 각본을 쓴 각본가이기도 합니다. 수많은 가상 세계를 창조한 그가 꿈 대신 현실을 좇으라고 이야기하는 이유는 무엇일까요? 이날 졸업식이 야외에서 진행되는 것으로 예정되어 있었지만, 비가 오는 바람에 실내에서 진행된 것을 빗대어, "현실은 오늘과 같은 것이다. 우리는 현실을 꿈의 불쌍한 사촌 정도로 치부하는 경향이 있다. 하지만 꿈은 결국 가상 현실일 뿐이고, 정작 우리가 좇아야 하는 것은 오늘과 같은 진짜 현실이다"라고 이야기합니다.

178

1   The question of whether that's a dream or whether it's real is the one I've been asked the most about any of the films I've made.

2   In the great tradition of these speeches generally what happens is the speaker says something along the lines of "You need to chase your dreams," but I'm not going to say that because I don't believe it.

3   I don't want you to chase your dreams. I want you to chase your reality.

4   And I want you to understand that you chase your reality not at the expense of your dreams but as the foundation of your dreams.

❶ (영화 인셉션에서) 그 장면이 꿈인지 현실인지에 대한 질문은 제가 만들었던 모든 영화를 통틀어서 가장 많이 받았던 질문입니다.

❷ 위대한 전통을 따르는 이 졸업 연설 자리에서 일반적으로 연사는 이렇게 말합니다 '여러분들의 꿈을 좇으세요'라고요. 하지만 저는 그렇게 말씀드리지 않을 것입니다. 왜냐하면 그렇게 믿지 않으니까요.

❸ 저는 여러분들이 꿈을 좇지 않았으면 합니다. 현실을 좇기를 원하죠.

❹ 그리고 그 현실을 좇으라는 말이 꿈을 희생시키라는 뜻이 아니라 꿈을 현실의 기반으로 삼으라는 뜻임을 이해하길 바랍니다.

1   **Along/on the lines of**　～와 유사한/비슷한; ～의 방식을 따라서
When you failed to meet deadlines, the answer should never be along the lines of there wasn't enough time, because you should have given your manager advance notice.
기한을 맞추지 못했을 때 시간이 없었다는 대답은 절대 해서는 안 됩니다. 상사에게 미리 통지했어야 했기 때문입니다.

The bride wanted a reception dress along the lines of Belle's yellow dress in 'Beauty and the Beast.'
신부는 '미녀와 야수' 벨의 노란 드레스와 비슷한 피로연 드레스를 원했습니다.

2   **At the expense of**　～을 희생[훼손]해 가며
I don't want to be successful at the expense of my health.
저는 제 건강을 희생하며 성공하고 싶지는 않습니다.

마음을 정복하면 모든 것을 정복한다

덴젤 워싱턴
2015 딜라드 대학교 졸업 연설

Fail
big.

크게
실패하세요.

지금은 할리우드의 살아 있는 전설로 불리는 덴젤 워싱턴이지만 그도 초반에는 수많은 오디션을 전전하며 배역을 따내기 위해 노력했습니다. 그러던 중 브로드웨이 뮤지컬 오디션을 보러 갔던 적이 있는데, 자신의 바로 앞 지원자가 성악가처럼 노래를 부르는 것을 듣고 주눅 들어 오디션에 낙방하고 말았죠. 많은 실패를 딛고 배우로서 성공한 덴젤 워싱턴은 2010년, 그토록 하고 싶었던 뮤지컬 '펜스'의 주연을 따내고 브로드웨이 연극상인 '토니 어워즈'를 수상했습니다.

1 Fail big. That's right. Fail big. Take chances professionally, don't be afraid to fail. And you only live once, so do what you feel passionate about.

2 There is an old IQ test (that) was nine dots and you had to draw five lines with the pencil within these nine dots without lifting the pencil.

3 The only way to do it was to go outside the box. So don't be afraid to go outside the box. Don't be afraid to think outside the box.

4 Don't be afraid to fail big, to dream big.

❶ 크게 실패하세요. 그렇습니다. 크게 실패하세요. 전문적으로 모험을 하세요. 실패를 두려워하시면 안 됩니다. 삶은 딱 한 번뿐이니, 당신이 열정을 느끼는 일을 하세요.

❷ 오래된 IQ 테스트가 있습니다. 연필을 종이에서 떼지 않은 채로 9개의 점을 5개의 선으로 연결하는 것이죠.

❸ 그것을 해내는 유일한 방법은 네모 박스 밖으로 선을 그리는 것입니다. 그러니 정해진 틀을 벗어나는 것을 겁내지 마세요. 틀을 벗어나서 생각하는 것을 겁내지 마세요.

❹ 큰 실패를 겁내지 마시고, 담대히 큰 꿈을 가지세요.

1 **Take chances** 모험을 하다; 위험을 감수하다

An underground indie band persuaded the record company to take a chance on their band, and their songs have become a huge hit.

한 언더그라운드 인디 밴드는 음반 회사에게 기회를 달라고 설득하였고 노래는 큰 히트를 쳤습니다.

She knew she was taking a chance, but she wanted to start her own business before she turned 40.

그녀는 위험을 감수하고 있다는 것을 알고 있었지만 40세가 되기 전에 자신의 사업을 시작하고 싶었습니다.

2 **Think outside the box** 틀에 박힌 사고방식에서 벗어나다

I try to learn about other industries to train myself to think outside the box.

저는 틀에서 벗어나 생각하는 연습을 하기 위해 다른 산업에 대해 배우려고 노력합니다.

목표가 없는 꿈은 한낱 꿈일 뿐

덴젤 워싱턴
2015 딜라드 대학교 졸업 연설 ②

But remember, dreams without goals are just dreams.

하지만 기억하세요.
목표가 없는 꿈은 한낱 꿈일 뿐입니다.

'꿈'이 목적지라면 '목표'는 그 목적지까지 도달하게 만들어 줄 연료라고 볼 수 있습니다. 연료가 없다면 아무리 좋은 자동차를 가지고 있다고 하더라도 목적지까지 이동할 수 없겠죠. 그러니 우리는 끊임없이 목표를 세우고 실천하며 연료를 보충해야 합니다. 덴젤 워싱턴의 말처럼 우리는 실패하는 계획을 세워서 목적지에 도달하지 못하는 경우보다 계획을 세우는 데 실패하는 경우가 더 많으니까요.

1 But remember, dreams without goals are just dreams. And they ultimately fuel disappointment.

2 So have dreams, but have goals, life goals, yearly goals, monthly goals, daily goals. Simple goals but have goals.

3 And understand that to achieve these goals, you must apply discipline and consistency. And consistency every day, not just one Tuesday and miss a few days.

4 Every day you have to plan. Every day. You heard the saying, "we don't plan to fail, we fail to plan." Hard work works.

❶ 하지만 기억하세요, 목표가 없는 꿈은 한낱 꿈일 뿐입니다. 결국 실망만 하게 될 뿐이죠.

❷ 그러니 꿈을 꾸되, 목표를 가지세요. 인생의 목표, 연간 목표, 월간 목표, 일간 목표를 말이죠. 간단한 목표라고 할지라도 항상 목표를 세우세요.

❸ 그리고 이 목표들을 달성하기 위해서는 자기 절제와 꾸준함이 요구된다는 것을 명심하세요. 매일 꾸준해야 합니다. 화요일에 한 번 하고 며칠 빼먹는 그런 것이 아닙니다.

❹ 매일 계획을 세우세요. 매일요. 이런 말이 있죠 '우리는 실패하는 계획을 세우는 것이 아니라 계획을 세우는 데 실패하는 것이다'. 미친 듯이 노력하면, 통합니다.

 Words & Phrases

1 **Ultimately** 궁극적으로, 결국, 근본적으로

Many transportation agencies are hoping to integrate smart mobility solutions to ultimately resolve first and last mile challenges.

많은 대중교통 기관은 궁극적으로 처음과 최종 단계의 문제를 해결하기 위해 스마트 모빌리티 솔루션을 통합하기를 희망하고 있습니다.

2 **Fuel** 촉진하다, 촉발하다

The gender and racial diversity in the workplace bring in wider range of ideas and experience and thus fuel innovation.

직장에서의 성별 및 인종 다양성은 더 넓은 범위의 아이디어와 경험을 받아들여 혁신을 촉진합니다.

A debate over bullying culture and sexual assault in South Korea's military was fueled by TV show 'D.P.'

한국 군대의 왕따 문화와 성추행 논란은 'D.P.'로 촉발됐다.

이삿짐 차는 영구차를 따라가지 않는다

덴젤 워싱턴
2015 딜라드 대학교 졸업 연설 ❸

You'll never see a U-Haul behind a hearse.

영구차 뒤를 따라가는
이삿짐 차는 절대 볼 수 없을 것입니다.

'U-Haul'은 미국의 대표적인 이사 업체의 이름입니다. 즉, '이삿짐 차가 영구차를 따라가지 않는다'는 말의 뜻은 세상의 모든 물질적인 것들은 죽으면 들고 갈 수 없으니 너무 집착할 필요가 없다는 뜻입니다. 그렇다면 "물질적인 것은 하나도 중요하지 않다는 말씀인가요?"라고 질문할 수도 있겠는데요, 덴젤 워싱턴은 이렇게 이야기했습니다. 물질에 집착하기보다는 현재 가진 것에 감사할 줄 아는 것과, 죽기 전에 가진 것을 얼마나 의미 있게 사용하는지가 더 중요하다고 말이죠.

1　You'll never see a U-Haul behind a hearse. I don't care how much money you make. You can't take it with you. The Egyptians tried it. They got robbed. You can't take it with you.

2　And it's not how much you have. It's what you do, with what you have. Say thank you in advance for what is already yours.

3　And anything you want good you can have, so claim it. Work hard to get it. When you get it, reach back, pull someone else up, each one, teach one.

4　Don't just aspire to make a living. Aspire to make a difference.

❶ 영구차 뒤를 따라가는 이삿짐 차는 절대 볼 수 없을 것입니다. 당신이 얼마나 많은 돈을 벌든 간에 죽으면 들고 갈 수 없습니다. 이집트인들이 시도했지만 도둑맞고 말았죠. 죽으면 가져갈 수 없습니다.

❷ 그래서 얼마나 가졌는지는 중요하지 않습니다. 여러분들이 가진 것으로 무엇을 하는지가 중요하죠. 이미 여러분들이 가진 것에 감사할 줄 알아야 합니다.

❸ 그리고 여러분은 여러분들이 원하는 어떤 좋은 것도 가질 수 있습니다. 그러니 쟁취하세요. 쟁취하기 위해 노력하세요. 원하는 걸 얻거든, 뒤로 손을 뻗어 다른 사람들을 끌어주세요. 한 명씩 지도해 주세요.

❹ 단순히 잘 먹고 잘 살기 위해서만 꿈을 꾸지 마세요. 세상을 바꾸기 위한 꿈을 꾸세요.

1　**You can't take it with you**　가지고 갈 수는 없다
Agreeing with 'You can't take it with you', a former billionaire Chuck Feeney has donated his entire $8 billion fortune over the last 40 years.
전 억만장자 척 피니는 '저승까지 그 돈을 가져갈 수 없다'는 사실을 공감하여, 지난 40년 동안 80억 달러의 전 재산을 기부했습니다.

2　**In advance**　미리, 사전에
It's usually cheaper if you book the museum tickets online in advance.
박물관 티켓을 온라인으로 미리 예약하면 일반적으로 더 저렴합니다.

Please finish your reading assignments in advance so that we can have discussion for our next class.
다음 수업 때 토론할 수 있도록 미리 독서 과제를 완료하십시오.

185

코난 오브라이언의 실패 이야기

코난 오브라이언
2000 하버드 졸업 연설 ➊

Your mistakes are your own unique way of getting to where you need to be.

당신의 실수들은 자신만의 길이 되어,
당신이 있어야 할 곳으로 인도합니다.

코난은 하버드 대학교를 졸업한 엘리트였습니다. 방송계 진출을 꿈꿨던 그는 졸업 후 작은 케이블 방송국에 취직하지만, 곧 방송국이 파산해 실직을 합니다. 월세를 내기 위해 가죽 제품 전문점에서 일했지만, 그곳에 있는 자신의 모습이 비참하게 느껴집니다. 그래서 그는 일을 그만두고 만화 작가가 되는데 그 만화는 엄청난 흥행을 하게 됩니다. 그것이 바로 '심슨'입니다. 유명세를 탄 코난은 SNL 쇼에 출연하게 되었고, 급기야 MC 자리를 꿰차게 됩니다.

1 I left the cocoon of Harvard. I left the cocoon of *Saturday Night Live*. And each time it was bruising and tumultuous.

2 And yet every failure was freeing, and I will be honest with you, today I'm as nostalgic for the bad as I am for the good.

3 So that's what I wish for all of you — the bad as well as the good. Fall down. Make a mess. Break something occasionally.

4 Know that your mistakes are your own unique way of getting to where you need to be. And remember that the story is never over.

❶ 저는 하버드라는 보호막을 떠났고, SNL이라는 보호막도 떠났습니다. 그리고 그때마다 힘들고 혼란스러웠습니다.

❷ 하지만 모든 실패는 자유로운 것이었습니다. 여러분들께 솔직히 말씀드리자면, 저는 오늘 힘들었던 시절이 좋았던 시절만큼이나 그립습니다.

❸ 이것이 제가 여러분들께 바라는 것입니다. 좋은 일 만큼 힘든 일도 있기를 말이죠. 넘어져도 보고, 망쳐도 보고, 때로는 무언가를 부숴 버리기도 해 보세요.

❹ 여러분들의 실수들은 자신만의 길이 되어, 여러분들이 있어야 할 곳으로 인도한다는 것을 알아 두세요. 여러분들의 이야기는 절대 끝난 것이 아닙니다.

Words & Phrases

1 **Bruising** (마음이) 힘든/불편한
It has been a long and bruising campaign season.
길고 험난한 선거 운동 기간이었습니다.

2 **Tumultuous** 어수선하다; 떠들썩한; 격동의
June Pride month has a long and tumultuous history; it sparked from demonstrations against police raid at the Stonewall Inn in New York City.
6월 성 소수자 '프라이드 달'은 길고 격동의 역사를 가지고 있습니다. 뉴욕시 '스톤월 인' 바의 경찰 급습에 반대하는 시위에서 촉발되었습니다.

3 **Nostalgic** 향수를 불러일으키는
This music made me nostalgic.
이 음악은 향수를 불러일으켰다.

성공은 하얗게 빛나는 턱시도

코난 오브라이언
2000 하버드 졸업 연설 ❷

Success is a lot like a bright white tuxedo.

성공이란 마치 하얗게 빛나는
턱시도와 같은 것입니다.

성공을 '하얀 턱시도'에 비유한 것을 보면서 역시 언어의 마술사 코난 오브라이언답다고 생각했습니다. 성공을 이뤄냈다고 해도 그 성공이 영원한 것은 아닙니다. 어떤 식으로든 퇴색되고 빛이 바래게 되죠. 마치 새로 뽑은 자동차를 아무리 아끼고 세차를 자주 한다고 해도 몇 년이 지나면 헌차가 되는 것처럼 말이죠. 그러니 우리는 성공을 맛 봤다고 해서 성공에 지나치게 심취해 도전 자체를 멈춰 버리거나, 성공에 너무 안주하려는 태도를 경계해야 할 것입니다.

Key Expressions

1　Needless to say, I took a lot of criticism, some of it deserved, some of it excessive, and I'll be honest with you, it hurt like you would not believe.

2　But I'm telling you all this for a reason. I've had a lot of success. I've had a lot of failure. I've looked good and I've looked bad.

3　But my mistakes have been necessary. Except for Wilson's House of Suede and Leather, that was just stupid. Don't do that.

4　Success is a lot like a bright white tuxedo. You feel terrific when you get it, but then you're desperately afraid of getting it dirty, of spoiling it in any way.

❶ 말할 필요도 없이, 저는 많은 비판을 받았습니다. 몇몇은 받아들일 만한 비판이었고, 몇몇은 좀 지나치기도 했죠. 그리고 솔직히 말씀드리면 여러분들이 믿지 못하실 만큼 상처도 많이 받았습니다.

❷ 하지만 제가 이 이야기를 전하는 데에는 이유가 있습니다. 저는 많은 성공을 이뤘고, 많은 실패도 맛 봤습니다. 좋을 때가 있었고, 나쁠 때도 있었습니다.

❸ 하지만 제 실수는 필수적인 것이었습니다. 윌슨 하우스 가죽 전문점에서 일했던 것만 빼고요. 그건 멍청한 짓이었습니다. 그런 짓은 하지 마세요.

❹ 성공이란 마치 하얗게 빛나는 턱시도와 같은 것입니다. 그걸 받았을 때는 기분이 끝내주지만 이내 더럽혀질까 몹시 걱정하기 마련입니다. 어떤 식으로든 망가질까 봐 말이죠.

 Words & Phrases

1　**Needless to say**　말할 필요도 없이, 두말하면 잔소리지만
Needless to say, I was very disappointed with her for lying to me.
말할 필요도 없이, 나는 그녀가 나에게 거짓말을 한 것에 대해 매우 실망했습니다.

2　**Deserved**　(상/벌/보상이) 응당한
Her promotion was well-deserved.
그녀는 승진을 할 만한 충분한 자격이 있었다.

3　**Excessive**　지나친, 과도한
Excessive use of cell phones can cause multiple health problems such as sleep disorders and depression.
과도한 휴대전화 사용은 수면 장애와 우울증과 같은 여러 건강 문제를 일으킬 수 있습니다.

친구를 보면 당신을 알 수 있습니다

덴 페냐

비즈니스 컨퍼런스 명연설 ❶

Show me your friends. And I'll show you your future.

당신 친구를 보여 주세요.
그럼 제가 당신의 미래를 보여 드리겠습니다.

덴 페냐는 '500억불의 사나이'로 불리는 성공한 사업가입니다. 그는 비즈니스 컨퍼런스에서 예비 사업가들에게 성공과 워라밸 두 가지를 다 가질 수는 없다고 말했습니다. 국민 MC 유재석 씨는 어떻게 금연을 하게 되었냐는 질문에 이렇게 대답했습니다. "내가 아무리 담배 피우는 것이 좋다고 해도 예능 프로를 하려면 많이 뛰어야 하고 체력이 뒷받침되어야 아슬아슬한 상황을 연출할 수 있다. 그래서 담배를 끊어야만 했다. 두 가지를 다 가질 수는 없는 법이다."라고 말이죠.

1 You are who you hang around with. Show me your friends. And I'll show you your future. Who do you go hang with?

2 Bill Gates doesn't hang. Warren Buffet doesn't hang. Elon Musk doesn't hang. And I'd go down the list of people that don't "hang."

3 Do you think Steve Jobs, when he was alive, had work-life balance? No. Do you think Bill Gates? No. Henry Ford? No.

4 So if none of those people that created the wealth of the world had work-life balance, why do you think you are gonna have it? Why? Cause you deserve it? I don't think so.

❶ 당신이 어울리는 친구를 보면 당신을 알 수 있죠. 당신 친구를 보여 주세요. 그럼 제가 당신의 미래를 보여 드리겠습니다. 누구와 어울려 다니십니까?

❷ 빌 게이츠는 어울려 다니지 않습니다. 워렌 버핏도 사람들과 어울려 놀지 않습니다. 일론 머스크도 놀러 다니지 않습니다. 놀러 다니지 않는 사람들의 리스트를 계속 댈 수 있죠.

❸ 당신이 생각하기에 스티브 잡스가 살아생전에 워라밸이 있었을 것 같습니까? 아니죠. 빌 게이츠는요? 아니죠. 헨리 포드는요? 아닙니다.

❹ 즉, 세상의 부를 창출한 그런 거물들 중 어느 누구도 워라밸을 갖지 않았습니다. 왜 당신은 워라밸을 기대하십니까? 왜요? 가질 자격이 있어서요? 저는 그렇게 생각하지 않습니다.

 Words & Phrases

1 **Hang around/out with** ~와 시간을 보내다 / 많이 어울리다
He's been so swamped with work lately and didn't have much time to hang around with his friends.
그는 최근 일로 너무 바빠서 친구들과 어울릴 시간이 많지 않았습니다.

I should expand my social circle. I usually only hang out with the same group of friends.
저는 저의 사회적인 모임을 확장해야 합니다. 저는 보통 같은 그룹의 친구들과만 어울리거든요.

2 **Go down the list** 순서대로 읽다 / 하다
Let's go down the list of tasks we need to finish today.
오늘 끝내야 할 작업 목록을 순서대로 살펴봅시다.

올림픽 코치와 같은 사람을 찾으세요

덴 페냐
비즈니스 컨퍼런스 명연설 ②

Find somebody that is where you want to be 20 or 30 years from now.

지금부터 20 또는 30년 후에
당신이 되고 싶은 사람을 찾으세요.

두 가지 유형의 친구가 있습니다. 항상 괜찮다고 말해 주고 내편을 들어 주는 친구 A, 아닌 것은 아니라고 말해 주는 친구 B. 어울려 다니기엔 친구 A가 더 괜찮을지 모릅니다. 하지만 고민이 있거나, 어려운 결정을 앞두고 있을 때, 어떤 친구에게 이야기하시겠습니까? 덴 페냐는 친구 B와 같은 사람이 인생에 꼭 필요하다고 말합니다. 아첨하는 신하들만 가득한 왕정은 결국 몰락의 길을 걷고, 직언을 할 줄 아는 충신들이 섬기는 왕은 올바른 방향으로 나라를 다스리듯 말이죠.

1 Find somebody that is where you want to be 20 or 30 years from now. And go to him or her now.

2 If you wanted to be a world-class athlete, where would you go? A world-class coach, right? No question about it.

3 You don't come to me, I mean unless because I give you a f*cking beaten. I am hard. Olympic athletes say "You are as hard as my Olympic coach was when I won two gold medals."

4 That's the kind of person you want in your life. Not somebody that agrees with you.

❶ 지금부터 20년 또는 30년 후에 당신이 되고 싶은 사람을 찾으세요. 그리고 당장 그 사람을 찾아가세요.

❷ 만약 당신이 월드 클래스 운동선수가 되고 싶다면, 어디로 가야 할까요? 월드 클래스 코치에게 가야겠죠. 그렇죠? 의심의 여지가 없습니다.

❸ 여러분은 저에게 오시면 안 됩니다. 그러니까, 저는 여러분들을 흠씬 두들겨 패 줄 작정이거든요. 저는 단호합니다. 올림픽 선수들이 말하죠. "선생님은 제가 올림픽 금메달을 2개 땄을 때 저의 올림픽 코치처럼 강경하십니다"라고요.

❹ 그런 종류의 사람이 당신 인생에 필요한 것입니다. 당신 말에 동의해 주기만 하는 사람 말고요.

 Words & Phrases

1 **No question about it** 의심의 여지가 없다; 당연하다

We can obviously see that customers are dissatisfied with our products through negative reviews and a large number of refund requests. There is no question about it.

부정적인 리뷰와 많은 환불 요청을 통해서 고객이 우리 제품에 대해 불만을 가지고 있음을 분명히 알 수 있습니다. 그것에 대해 의심의 여지가 없습니다.

2 **That's the kind of person** 그런 사람

The new intern was very analytical and self-motivated. That's the kind of person our manager was looking for.

새로운 인턴은 매우 분석적이고 자기 동기 부여 능력을 갖췄습니다. 우리 매니저가 찾던 그런 사람입니다.

왜 아무것도 안 하고 있습니까?

덴 페냐
비즈니스 컨퍼런스 명연설 ❸

You deserve what you get in life by working hard.

인생에서 원하는 것을 얻을 자격은
열심히 할 때 생기는 것입니다.

2016년 갤럽에서 실시한 설문조사에 따르면 전 세계 87%의 사람들이 자신이 하는 일을 싫어하는 것으로 나타났습니다. 대부분의 사람들이 그저 시간을 때우며 은퇴를 기다리고 있는 것입니다. 그런 삶이 행복하다면 문제될 것은 없습니다. 하지만 원하는 것이 있다면, 욕심나는 것이 있다면 그것을 가지지 않으면 불행하다고 느낀다면, 그저 시간만 때우면서 기다리면 안 됩니다. 덴 페냐의 말처럼 인생에서 원하는 것을 얻을 자격은, 그것을 위해 열심히 노력할 때 생기는 법이니까요.

1   What are you going to tell your grandchildren and your children 20 years from now? "When the greatest transformation of wealth occurred, what were you doing, Grandpa?", "What were you doing, Dad?"

2   What are you going to tell them? You had your thumb up your ass?

3   Would you want your children to be like your two best buddies? Would you? Probably not. Would you even want your children to be like you? Probably not.

4   So why is there so little being done about it? You deserve what you get in life by working hard.

❶ 20년 후에 당신의 손주와 자녀들에게 무슨 말을 해 주실 건가요? "가장 큰 부의 변화가 일어났던 시대에 할아버지는 그때 뭘 하고 계셨나요? 아버지는 뭘 하고 계셨나요?"라 고 묻는다면 말이죠.

❷ 그들에게 뭐라고 말해 줄 건가요. 그냥 손가락이나 빨고 있었다고 말할 건가요?

❸ 당신의 아이들이 당신의 가장 친한 친구 두 명처럼 되길 원합니까? 그렇게 되길 원하세 요? 아마 아니시겠죠. 그럼 당신의 아이들이 당신처럼 되길 원합니까? 아마 아니시겠죠.

❹ 그런데 왜 아무것도 안 하고 앉아 있습니까? 인생에서 원하는 것을 얻을 자격은 열심히 할 때 생기는 것입니다.

 Words & Phrases

1   **Transformation**   변화; 탈바꿈; 변신
COVID-19 pandemic has sped up digital transformation in business, such as increase in remote working and increasing use of advanced technology in operations.
코로나 19 대유행은 원격 근무의 증가 및 운영에 고급 기술의 사용 증가와 같이 비즈니스의 디지털 혁신을 가 속화했습니다.

Her body transformation from working out has inspired many people.
운동으로 인한 그녀의 신체 변화는 많은 사람들에게 영감을 주었습니다.

2   **Have thumb up your ass**   아무것도 안 하다
I hate to see our teammates standing around with their thumb up their asses, while I am busy as a bee.
저는 쉴 없이 바쁜 와중에 저희 팀 동료들은 빈둥빈둥 대는 게 너무 보기 싫어요.

매일 새벽 4시에 일어나는 남자

드웨인 존슨

운동을 해야 하는 진짜 이유 ❶

No one will outwork me.
NO ONE.

노력에 있어서만큼은 아무도 나를 이길 수 없다.
아무도.

드웨인 존슨은 2018년부터 2020년까지 3년 연속 가장 많은 수입을 올린 배우
1위에 올랐습니다. 하지만 관계자들은 '그의 근육질 몸이 영화 배우로서
불필요하다'는 지적을 했습니다. 더 다양한 배역을 소화하는 데
있어서 커다란 체격이 방해가 된다는 것이죠. 그는 '할리우드
표준 체격'으로 감량하라는 제안에 이렇게 대답했습니다.
"언제라도 레슬링을 할 수 있는 몸을 유지하고 싶다"라고
말이죠. 영화도 좋지만 운동에서 만큼은 양보할 생각이
없는 드웨인 존슨입니다.

1   I work out twice before everyone wakes up. 4:30, 4:45, I'm doing some sort of cardio, open these garage doors, it's still dark outside.

2   The key with me is just always finding what the anchor is. Getting up at four o'clock in the morning every day before anybody else and grounding my thought process as in the no one will outwork me. NO ONE.

3   I would recommend that all of you guys find that anchor whether it's hiking or biking or yoga or meditation or whatever it is.

4   Because for me the gym or some sort of physical activity, it anchors my day and then it allows me to go on and work for the rest of the day.

❶   저는 모두가 일어나기 전에 두 번 운동을 합니다. 4시 30분, 45분까지 유산소 운동을 합니다. 차고 문을 열어젖히면, 여전히 밖은 어둡죠.

❷   저에게 운동이란 항상 중심을 찾는 과정입니다. 매일매일 아무도 일어나지 않은 새벽 4시에 눈을 뜨는 것. 그리고 "노력에 있어서만큼은 아무도 나를 이길 수 없다. 아무도"라는 마음가짐을 단단히 하는 것입니다.

❸   저는 여러분 모두에게 중심을 찾아야 한다고 말씀드립니다. 그것이 등산이든 자전거든 요가든 명상이든 무엇이든 간에 말이죠.

❹   왜냐하면 저에게 체육관이나 이런 신체적 활동들은 제 하루의 중심을 잡아줍니다. 그리고 또 남은 하루 동안 열심히 일할 수 있게 해 주죠.

1   **Anchor** 닻; 정신적 지주, 고정시키다; ~에 단단히 기반을 두다
My morning walk is like my anchor for the day, as it helps me feel more energized and positive.
아침 산책은 저에게 활력과 더 긍정적인 마음을 느끼게 해주는 데 도움이 되므로 하루의 닻과도 같습니다.

My family is my anchor.
가족은 저의 정신적 지주입니다.

2   **Ground** 기초나 기반을 다지다; 육체적 & 정신적 균형을 맞추다
If you are overwhelmed and experiencing extreme anxiety, you might need some time to ground yourself.
만일 너무 벅차고 극도의 불안감을 느낀다면, 스스로 마음을 다잡는 시간이 필요할 수도 있어요.

197

인생은 정지 버튼이 없다

드웨인 존슨
운동을 해야 하는 진짜 이유 ❷

This treadmill of life there's no stop button.

인생이라는 러닝머신에는
정지 버튼이 없기 때문이죠.

사람들은 대게 비슷한 포인트에서 지치고 게을러집니다. 다이어트에 성공하는 사람들이 대단한 이유는 모두가 포기하는 '그 포인트'에서 포기하지 않았기 때문입니다. 운동을 하기 싫은 날도 있고, 피자가 먹고 싶은 날도 있죠. 그런 날에도 포기하지 않고 지속해야만 다이어트는 가능합니다. '인생'이라는 러닝머신에는 정지 버튼이 없습니다. 포기하고 싶어도 포기할 수 없죠. 포기하지 않고 달리는 습관을 가진 사람은 인생이라는 러닝머신 위에서 도 여유를 가질 수 있는 법입니다.

1   The one thing that will never ever ever go away is you get your ass in that weight room and you put in the work. That's gonna happen when you're 30, 40, 50, 60. That never goes away.

2   It's way more than just picking up a weight. It is my balance, it's my anchor, it's my spiritual anchor.

3   It just allows me to block out the noise and clear my head.

4   And we all need this, because this treadmill of life there's no stop button. So it's so crazy.

❶ 절대로 절대로 사라지지 않을 한 가지 진리는 여러분들이 몸을 끌고 체육관으로 가서서 노력해야만 한다는 것입니다. 그 사실은 여러분들이 30대, 40대, 50대, 60대가 되어도 절대 변함이 없습니다.

❷ 운동은 단순히 무게를 들어 올리는 것 이상의 의미가 있습니다. 운동은 저의 밸런스를 잡아 주고 저의 중심을 잡아 주고, 정신적 지주가 되어 줍니다.

❸ 운동은 잡음을 차단하게 해 주고 생각을 비울 수 있게 해 줍니다.

❹ 그리고 우리 모두에게 이것이 필요합니다. 왜냐하면 인생이라는 러닝머신에는 정지 버튼이 없기 때문이죠. 말도 안 되게 힘든 일입니다.

1   **Block out**   [빛/소리를] 차단하다; [불쾌한 생각/기억을] 지워버리다
Noise-cancelling headphones block out background noise.
노이즈 캔슬링 헤드폰은 배경 소음을 차단합니다.

I disable all pop-up notifications to block out any distraction when I need to work under a tight deadline.
저는 빡빡한 마감 시간에 작업해야 할 때 주의가 산만해지는 것을 차단하기 위해 모든 팝업 알림을 비활성화합니다.

2   **Clear my head**   머리를 식히다
I've been working 5 hours straight. I need to go for a walk to clear my head.
저는 5시간 동안 계속 일했어요. 머리 좀 식히러 산책 나갈게요.

Working out allows me to clear my head and relieve stress for the day.
운동을 하면 머리가 맑아지고 하루의 스트레스가 해소됩니다.

199

힘든 시절을 떠올리고 마주하는 것

드웨인 존슨
운동을 해야 하는 진짜 이유 ❸

The thing that has worked for me is to remember the hard times.

저에게 효과적이었던 방법은
바로 힘들었던 시절을 떠올리는 것입니다.

저는 유튜브 채널을 시작하기 위해 치열하게 준비했습니다. 영어 공부를 하고 영상 편집을 배웠으며, 틈틈이 채널 기획을 했습니다. 야심 차게 유튜브 채널을 시작했지만 결과는 처참했습니다. 준비를 열심히 했던 만큼 실망과 좌절도 컸습니다. 저에게는 힘든 시절이었지만, 그 시간들이 없는 상태로 이 자리까지 왔다면 작은 충격에도 무너져 버리는 유리 같은 사람이 되었을지도 모릅니다. 어쩌면 그 시간들로 인해 단련되어 쇠와 같은 단단함을 가질 수 있지 않았나 생각합니다.

1 The thing that has worked for me is to remember the hard times. So before a big movie comes out, back in the days when I was wrestling with WWE, anything big that would happen, I would always take a moment.

2 And I just remind myself. "All right, I was evicted when I was 14. We were kicked off the island. We couldn't live in Hawaii and no place to live."

3 I think one of the keys is to remember where you came from and keep that shit in front of your mind.

4 You gotta keep it in here. And it really has to, it should drive you.

❶ 저에게 효과적이었던 방법은 바로 힘들었던 시절을 떠올리는 것입니다. 곧들인 영화가 개봉하기 전이나, 예전 WWE 레슬링 시합을 앞두고 있을 때나, 인생의 큰일을 앞두고 있을 때, 저는 항상 생각할 시간을 가졌습니다.

❷ 그리고 스스로에게 상기시켰죠. "좋아, 나는 14살 때 쫓겨났었고, 하와이에서 쫓겨나 더 이상 그곳에서 살 수 없었지, 마땅히 갈 곳도 없었어."

❸ 저에게 중요했던 것 중에 하나는 어떻게 여기까지 힘들게 왔었는지를 기억하고 그 기억을 마음속 최우선으로 두는 것입니다.

❹ 여러분 마음속에 잘 간직하세요. 그런 힘들었던 기억들은 분명 당신을 나아가게 할 것입니다.

 Words & Phrases

1 **Take a moment** 시간을 내다

Let's take a moment to appreciate the hard work and dedication of all the healthcare and essential workers during the pandemic.
팬데믹 기간 동안 모든 의료 및 필수 근로자의 노고와 헌신에 감사하는 시간을 가집시다.

I'd like to take a moment to look back over the year before we start today's meeting.
오늘 회의를 시작하기 전에 한 해를 돌아보는 시간을 갖고 싶습니다.

2 **Evict** [거주지, 땅, 직장에서] 쫓아내다

Landlords must have a valid reason in order to evict tenants.
집주인은 세입자를 퇴거시키려면 타당한 이유가 있어야 합니다.

학자금을 제가 다 갚겠습니다

로버트 F 스미스
2019 모어하우스 대학교 졸업 연설 ❶

My family is making a grant to eliminate their student loans.

저희 가문은 여러분들의 학자금을 없애기 위한
자금을 조성하고 있습니다.

로버트 F 스미스가 졸업식 날 갚아 준 학생들의
학자금 대출은 480억 원에 이른다고 합니다. 대
학 측에도 기부 사실을 미리 알리지 않았었기 때
문에 현장 반응이 더 뜨거웠다고 하는데요. 영상
을 통해 확인해 보시면 깜짝 놀라는 학교 관계자
부터 방방 뛰며 환호하는 학생들을 보실 수 있습니다. 로버트 F 스미스 씨는 투자 회사 비스
타 에쿼티 파트너스의 창업자이자 CEO로서, 약 5조원인 그의 자산 규모는 포브스 집계에
따르면 아프리카계 미국인 중 1위라고 합니다.

1   On behalf of the eight generations of my family who have been in this country, we're going to put a little fuel in your bus.

2   My family is making a grant to eliminate their student loans.

3   Now I know my class will make sure they pay this forward, and let's make sure every class has the same opportunity going forward.

4   So Class of 2019, may the Sun always shine upon you. May the wind always be at your back. And may God always hold you.

❶ 이 땅에 터를 잡고 살아온 저희 가문 8대를 대표하여 말씀드립니다. 여러분 버스에 연료를 조금 넣어드리도록 하겠습니다.

❷ 저희 가문은 여러분들의 학자금을 없애기 위한 자금을 조성하고 있습니다.

❸ 저는 우리 졸업생이 후배들에게 받은 걸 다시 베풀어 줄 것을 잘 알고 있습니다. 앞으로 모든 학급이 동등한 기회를 받을 수 있도록 만들어 갑시다.

❹ 자, 2019 졸업생 여러분, 여러분의 앞날이 항상 밝게 빛나길 바랍니다. 여러분의 뒤에 항상 순풍이 불길 바랍니다. 그리고 하나님께서 항상 여러분들을 붙잡아 주시길 기원하겠습니다.

Words & Phrases

1   **On behalf of** ~을 대신하여, ~을 대표하여; ~을 위해서
My Dad wasn't home, so I signed for the package on behalf of him.
아버지가 집에 계시지 않아 제가 대신해서 택배 서명했습니다.

On behalf of the hotel, I would like to apologize for the inconvenience and less than satisfactory service that you received during your stay at our hotel.
호텔을 대표하여, 저희 호텔에 투숙하시면서 불편함과 만족스럽지 못한 경험을 안겨드려 죄송합니다.

2   **Eliminate** 없애다, 제거하다; 탈락시키다
Panels eliminated unqualified candidates who participated in the audition.
패널은 오디션에 참가한 부적격 후보자를 제거했습니다.

무엇도 일하는 것을 대체할 수 없다

로버트 F 스미스
2019 모어하우스 대학교 졸업 연설 ❷

Nothing replaces actually doing the work.

그 무엇도 일하는 것을
대체할 수 없습니다.

'그 무엇도 일하는 것을 대체할 수 없다'라는 말은 어떤 분야에서든지 열심히 일하지 않고 이뤄낼 수 있는 것이 없다는 뜻입니다. 로버트도 사업을 시작하기 전, 한 식품회사의 창문도 없는 연구실에서 많은 시간을 쏟은 후에야 비로소 연구실 너

머로 지식을 적용시킬 수 있었다고 합니다. 전설적인 권투 선수 '무하마드 알리'도 이런 말을 합니다. "저는 훈련하는 모든 시간이 싫었습니다. 하지만 속으로 되뇌었습니다. '지금 고생하고, 남은 인생을 챔피언으로 살자'라고 말이죠."

1 Rule number one: You need to know that nothing replaces actually doing the work.

2 Whenever a young person tells me they aspire to be an entrepreneur, the first question I ask them is why. For many they think it's a great way to get rich quick.

3 The usual scenario is that successful entrepreneurs spend endless hours, days, years, toiling away for little time, little pay and zero glamor. And in all honesty, that's where the joy of success actually resides.

4 Greatness is born out of the grind, so embrace the grind.

❶ 첫 번째 규칙입니다. 그 무엇도 일하는 것을 대체할 수 없다는 것을 명심하세요.

❷ 젊은 친구들이 저에게 사업가가 되고 싶다고 이야기할 때마다 제가 첫 번째로 물어보는 질문은 "왜?"입니다. 사람들은 사업가가 되는 것이 빨리 부자가 될 수 있는 방법이라고 생각합니다.

❸ 하지만 일반적인 시나리오를 보면 성공한 사람들은 엄청난 시간을 쏟아붓죠. 셀 수 없는 시간을, 몇 날 며칠을, 몇 년을 미친 듯이 말이죠. 쉴 시간도 없고 적은 보수를 받으며 화려함도 전혀 없습니다. 솔직히 말씀드리면 바로 그 시간들 속에 성공의 기쁨이 있는 것입니다.

❹ 위대함은 고된 일에서 나타납니다. 그러니 고된 일을 받아들이세요.

1 **Toil away** 매우 열심히 일하다
Researchers toiled away in a lab for years hoping to develop a new cancer drug.
연구원들은 새로운 항암제를 개발하기 위해 수년 동안 연구실에서 힘들게 일했습니다.

2 **Reside** 살다; 남다
Based on the April 2021 demographic data from the Ministry of the Interior and Safety, 18.5% of South Koreans resided in Seoul.
행정안전부의 2021년 4월 인구통계학적 자료에 따르면, 대한민국 국민의 18.5%가 서울에 거주하고 있습니다.

3 **Grind** (시간이 오래 걸리는) 고된/따분한 일
Learning a new language is a grind.
외국어를 배우는 것은 힘든 일입니다.

위험 감수와 도박의 차이점

로버트 F 스미스
2019 모어하우스 대학교 졸업 연설 ❸

Take
thoughtful risks.

신중하게
위험을 감수하라.

세상에 안전하기만 한 길은 없습니다. 어떤 식으로든 위험을 감수해야만 하죠. 오아시스를 찾기 위해서는 뜨거운 사막을 헤치고 나아가야만 하는 법입니다. 도전해야만 의미 있는 변화를 만들어 낼 수 있습니다. 그렇다면 '리스크 테이킹(Risk Taking)'과 '도박'의 차이점은 무엇일까요? '도박'이 아무런 노력 없이 큰 대가를 바라는 것이라면, '리스크 테이킹'은 신중한 노력을 바탕으로 합니다. 노력을 통해 내 스스로가 준비됐다고 느껴졌을 때 위험을 감수하고 도전하는 것이죠.

1 My next rule is to take thoughtful risks. My granddad took a particular interest in my career. He couldn't have been prouder when I had a stable job. Because for him they had that kind of job security of my age was a dream come true.

2 When I told him I was thinking about leaving to go to grad school, he frankly was worried.

3 But I'd done my homework, I calculated the risks. So I decided with confidence I was going to make a one big bet on the asset that I knew best: myself.

4 You should be taking business and career risks. When you bet on yourself, that's likely a good bet.

❶ 저의 다음 규칙은 신중하게 위험을 감수하라입니다. 저희 할아버지는 특별히 제 커리어에 관심을 가지셨습니다. 제가 안정적인 직업을 얻었을 때 굉장히 자랑스럽게 생각하셨습니다. 왜냐하면 할아버지가 보시기에 제 나이에 안정적인 직장을 구한다는 것은 꿈을 이루는 일이었으니까요.

❷ 그런 직장을 그만두고 대학원에 간다고 말씀드렸을 때, 할아버지는 매우 걱정하셨습니다.

❸ 하지만 저는 제가 해야 할 일을 했고, 위험들을 계산했습니다. 그리고 확신을 가지고 결정했습니다. 제가 가장 잘 알고 있는 자산에 배팅을 하기로 말이죠. 바로 제 자신에게요.

❹ 여러분들은 비즈니스와 커리어의 위험을 감수해야만 합니다. 여러분 자신에게 배팅한다면 그건 좋은 배팅이 될 것입니다.

 Words & Phrases

1 **Job security** 고용 안정성, 일자리 보장
Public sector workers generally have greater job security than private sector employees.
공공 부문 근로자는 일반적으로 민간 부문 근로자보다 고용 안정성이 더 높습니다.

2 **Frankly** 솔직히, 솔직히 말하면
Quite frankly, I just want to let go everything.
솔직히 말하면, 그냥 다 포기하고 싶어요.

Frankly speaking, this party is boring.
솔직히 말해서, 이 파티는 지루해요.

외부 평가에 의해 변하지 마세요

로버트 F 스미스
2019 모어하우스 대학교 졸업 연설 ④

Always know that you are enough.

여러분 자신이 충분하다는 것을
항상 인지하세요.

우리는 매일 다른 사람과 스스로를 비교하며 괴
로워합니다. 나보다 좋은 직장에 다니고 좋은 집
에 살고 더 멋진 몸매를 가진 사람들을 보며 내 인
생을 비교 평가하고 또 좌절합니다. 비교 대상을
따라잡기 위해 노력하면 삶이 조금이라도 나아질
까요? 그렇지 않죠. 쫓으려고 할수록 목표는 멀어질 뿐입니다. 스스로 이미 충분하다는 것을
인지하는 것만이 비교하는 삶을 살지 않을 수 있는 유일한 방법입니다. 우리는 완벽(Perfect)
하지는 않을지 몰라도 충분(Enough)합니다.

1 My fourth rule, which is actually my favorite, is to always know that you are enough.

2 It isn't just about salary, although that does matter. It's about demanding respect from others and from yourself. A realization and respect for all the skills and talents you bring to the table.

3 When you have confidence in your own worth, you'll become the one to raise your hand for that next assignment and it may be hard. That made me put in time on nights and weekends.

4 Not one drop of my self-worth depends on your acceptance of me. You are enough.

❶ 네 번째 규칙은 사실 제가 가장 좋아하는 것인데요. 바로 여러분 자신이 충분하다는 것을 항상 인지하시라는 것입니다.

❷ 월급이 충분하느냐의 문제가 아닙니다. 물론 월급이 중요하긴 하지만요. 중요한 것은 스스로 존경받을 자격이 있다는 걸 아는 것이죠. 여러분들이 기여하고 있는 기술과 재능에 대해 자각하고 또 존경을 바랄 줄 알아야 합니다.

❸ 스스로의 가치에 대한 확신이 있다면 다음 프로젝트를 위해 먼저 손을 들고 행동하는 사람이 될 것입니다. 아마 힘든 일이 될 겁니다. 저녁 시간, 주말, 많은 시간을 쏟아부어야 하죠.

❹ 단 한 방울의 자존감도 외부의 평가에 의해 변하면 안 됩니다. 여러분 그 자체로 충분합니다.

1 **Bring to the table** 기여하다

One of the common interview questions is "What skills and strengths do you bring to the table?"
흔한 면접 질문 중 하나는 "당신은 어떤 기술과 강점을 통해 회사에 기여할 수 있나요?"입니다.

Diverse workforce brings diverse perspectives and ideas to the table, and thus driving innovation and differentiation.
다양한 인력은 다양한 관점과 아이디어 제공하여 혁신과 차별화를 추진합니다.

2 **Self-worth** 자존감

I'm practicing increasing my feeling of self-worth by writing down anything, even if it's small, I felt proud about myself for the day.
작은 것일지라도 그날에 스스로에 대한 자부심을 느꼈던 무엇이든 기록하면서 자존감을 높이는 연습을 하고 있어요.

나이키가 광고를 하는 방법

나이키 광고
2020 You can't stop us

But whatever it is, we'll find a way.

하지만 무슨 일이 있어도
우리는 방법을 찾을 것입니다.

스티브 잡스가 "나이키는 단순히 신발을 파는 회사가 아니다"라고
말했던 이유는 바로 나이키의 광고 때문입니다. 나이키는 광고에서
상품을 보여 주는 대신 운동선수들의 멋진 스포츠 경기를 보여 줌
으로써 스포츠 자체를 존경한다는 나이키의 핵심 가치를
고객들에게 전달합니다. 본문의 내용은 코로나로 전 세
계의 스포츠 경기가 중단되거나 연기되었던 2020년도
의 나이키 광고 'You can't stop us'입니다. 영상으로
그 감동을 한 번 느껴 보세요.

1   We're never alone, and that is our strength. Because when we're doubted, we'll play as one. When we're held back, we'll go farther, and harder.

2   If we're not taken seriously, we'll prove that wrong. And if we don't fit the sport, we'll change the sport.

3   We know things won't always go our way. But whatever it is, we'll find a way. And when things aren't fair, we'll come together for change.

4   No matter how bad it gets, we will always come back stronger, because nothing can stop what we can do together.

❶ 우리는 결코 혼자가 아닙니다. 함께할 때 우리는 강해지죠. 세상이 우릴 의심한다면 우린 하나가 되어 뛸 것입니다. 누군가 우릴 가로막는다면 우린 더 멀리 나아갈 것입니다. 거침없이 말이죠.

❷ 우리를 진지하게 받아들이지 않는다면 그것이 틀렸음을 증명할 것입니다. 만약 우리와 스포츠가 맞지 않는다면 스포츠를 바꿔 버릴 것입니다.

❸ 항상 우리 뜻대로 되지 않는다는 것을 알고 있습니다. 하지만 무슨 일이 있어도 우리는 방법을 찾을 것입니다. 그리고 만약 불공평한 일이 있다면 힘을 합쳐 바꿔 나갈 것입니다.

❹ 상황이 얼마나 어려운지 간에 우리는 항상 강해져서 돌아올 것입니다. 우리를 막을 수 있는 것은 없습니다. 우리가 함께한다면 말이죠.

1   **Hold back**   [감정을] 참다; ~을 비밀로 하다; 제지하다; [발전을] 방해하다; 망설이다

When I saw my friend off at the airport, I couldn't hold back my tears.
공항에서 친구를 배웅했을 때 저는 눈물을 참을 수 없었습니다.

When I saw a hilarious meme my friend sent me, I tried to hold back a laugh since I was in the library.
친구가 보낸 웃긴 밈을 봤을 때, 저는 도서관에 있어서 웃음을 참으려고 노력했습니다.

Don't hold back. Tell me everything.
주저하지 말고 다 얘기해 주세요.

Fear of failure and rejection is holding many people back from changing career.
실패와 거절에 대한 두려움 때문에 많은 사람들이 진로 변경을 망설이고 있다.

211